「絵を見て話せる タビトモ会話」の使い方

あの建物は何ですか？
Bangunan itu bangunan apa?
バグナン イトゥ バグナン アパ
What is that building?
— 日本語
— 現地語
— 現地語読み
— 英語

建物の中に入れますか？
Boleh, tak masuk ke dalam bangunan itu?
ボレ タッ マスッ ク ダラム バグナン イトゥ
Can I go inside?

はい **Boleh.** ボレ Yes, you can.
いいえ **Tak boleh.** タッ ボレ No, you can't.

日本人 / マレーシア人

※日本人と現地のマレーシア人とをイラストでわかりやすく示し分けています。左側の男女が日本人、右側の男女がマレーシア人を表しています。

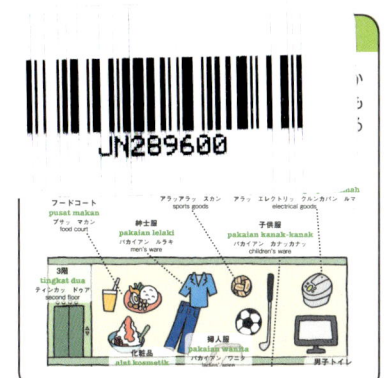

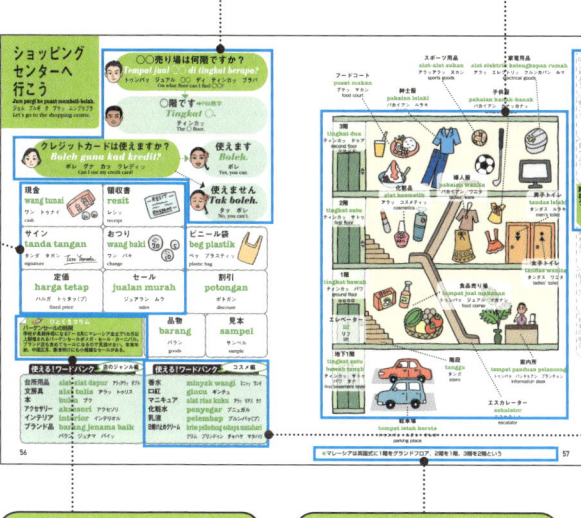

ショッピングセンターへ行こう
Jom pergi ke pusat membeli-belah.
ジョム プルギ ク プサッ ムンブリ ブラ
Let's go to the shopping centre.

○○売り場は何階ですか？
Tempat jual ○○ di tingkat berapa?
トゥンパッ ジュアル ○○ ディ ティンカッ ブラパ
Which floor can I find ○○ at?

○○階です
Tingkat ○○.
ティンカッ ○○
○○ floor.

クレジットカードは使えますか？
Boleh guna kad kredit?
ボレ グナ カッ クレディッ
Can I use my credit card?

使えます **Boleh.** ボレ Yes, you can.
使えません **Tak boleh.** タッ ボレ No, you can't.

現金 wang tunai ワン トゥナイ cash
サイン tanda tangan タンダ タガン signature
セール jualan murah ジュアラン ムラ sales
定価 harga tetap ハルガ トゥタッ fixed price
領収書 resit レシッ receipt
おつり wang baki ワン バキ change
ビニール袋 beg plastik ベグ プラスティッ plastic bag
割引 potongan ポトガン discount
品物 barang バラン goods
見本 sampel サンペル sample

行動別インデックス
旅先でしたいことを行動別に検索できるカラーインデックス。それぞれ行動別に区切りをつけて色別に構成しました。さあ、あなたはこれから何をする？

使える！ワードバンク
入れかえ単語以外で、その場面で想定される単語、必要となる単語をひとまとめにしました。ちょっと知っておくと役立つ単語が豊富にあります。

ひとくちコラム
お国柄によって異なる文化、マナーやアドバイスなど役立つ情報を小さくまとめました。ほっとひと息つくときに読んでみるのもおすすめです。お国柄にちなんだイラストが案内してくれます。

はみ出し情報
知っておくと便利な情報などを1行でまとめました。おもしろネタもいっぱいで必見です。

本書は、海外旅行先でのコミュニケーション作りに役立つ本です。外国の人たちとできるだけ近い感覚で会話ができるように、現地語は話し言葉を紹介しています。また、現地語の読みについては、なるべく原音に近い発音で読み仮名を付けています。現地の人たちが日常生活で使っている言葉や単語を旅行者も使ってみることが、異文化コミュニケーションをはかる第一歩です。

はじめよう / 歩こう / 食べよう / 買おう / 極めよう / 伝えよう / 日本の紹介 / 知っておこう

タビトモ会話 目次

絵を見て話せる

Kuala Lumpur

はじめよう

イラスト&エッセイ あいさつから はじめよう ………… 4

- あいさつをしよう ……………… 6
- 話しかけてみよう ……………… 8
- 自己紹介をしよう ……………… 10
- マレーシアの人々を知ろう … 12

歩こう

イラスト&エッセイ クアラルンプール 市内観光 ………… 14

[さあ、歩こう！ べんりマップ]
- マレーシアを巡ろう ……………………… 16
- クアラルンプールを歩こう ……………… 18
- 別の国、街へ移動しよう ………………… 20
- 乗り物に乗ろう …………………………… 22
- 道を尋ねよう ……………………………… 24
- 観光しよう ………………………………… 26
- ホテルに泊まろう ………………………… 28

食べよう

イラスト&エッセイ ニョニャ料理を堪能！ ………… 30

- 予約と注文 ………………………………… 32
- [これ、食べよう！ 欲張りメニュー]
- マレー料理（ご飯・麺・野菜・スープ）…… 34
- マレー料理（肉・魚料理）………………… 36
- ニョニャ料理、中国料理、インド料理 …… 38
- デザート、菓子、ドリンク ………………… 40
- 味付け、調理方法、味覚 ………………… 42
- 食材を選ぼう ……………………………… 44
- 屋台、フードコートで食べよう ………… 46

買おう

イラスト&エッセイ イスラム女性の ファッション ……… 48

- お店を探そう ……………………………… 50
- 好きな色、柄、素材を探そう …………… 52
- 欲しいサイズ、アイテムを伝えよう …… 54
- ショッピングセンターへ行こう ………… 56
- スーパーマーケットへ行こう …………… 58
- 市場へ行こう ……………………………… 60

マレーシア マレー語＋日本語・英語

極めよう

イラスト＆エッセイ マレーシアの動植物 ………… 62

ジャングルの動植物を知ろう ………… 64
魚にふれよう ………… 66
スポーツと伝統競技を楽しもう ………… 68
スパ＆エステでリラックス ………… 70
伝統舞踊と音楽を観賞しよう ………… 72
映画、音楽を楽しもう ………… 74
マレーシアの宗教を知ろう ………… 76
マレーシア建築を知ろう ………… 78
歴史上の人物を極めよう ………… 80
暦、季節、イベント、祭 ………… 82

伝えよう

イラスト＆エッセイ マレーシアのあれこれ ………… 84

数字、単位 ………… 86
時間、1日 ………… 88
曜日、年月日 ………… 90
家族、友達、人の性格 ………… 92
趣味、職業 ………… 94
訪問しよう ………… 96
自然、風景とふれあおう ………… 98
疑問詞、助動詞、動詞 ………… 100
形容詞、感情表現 ………… 102
体、体調 ………… 104
病気、ケガ ………… 106
事故、トラブル ………… 108
column 異なる民族が共存するコミュニティ ………… 110

日本の紹介

日本の地理 ………… 112
日本の一年 ………… 114
日本の文化 ………… 116
日本の家族 ………… 118
日本の料理 ………… 120
日本の生活 ………… 122
column コミュニケーションのツボ ………… 124

知っておこう

マレーシアまるわかり ………… 126
マレー語が上達する文法講座 ………… 128
マレーシアにまつわる雑学ガイド ………… 132
マレー語で手紙を書こう ………… 135
50音順マレー語単語帳 ………… 136

お役立ち単語コラム
出入国編 ………… 137
電話・郵便編 ………… 139
国名編 ………… 142

はじめよう

マレーシア人といってもマレー系、中国系、インド系と多種多様。この国の面白さ、ミックス性を感じてみよう！

Apa Khabar?

かなり都会なクアラルンプール。

KLタワー

ペトロナス・ツイン・タワー

国語はマレー語ですが、

インド系　中国系　マレー系

多民族、多文化の国家。

約50％がマレー系

★Apa Khabar?は「お元気ですか？」というあいさつ

だからということもあるのでしょう。

「Helo! ハロ!」
マレー語だけど「ハロー!」(Hello!)

英語を話せる人が相当います

このミックス性がマレーシアの面白さかも。だから宗教もいろいろあるのだ。でも国教でもあるイスラム教が目立つ。

点在するモスク

マレーシア人はとくに敬虔なイスラム信者が多いのだとか。

わたしが訪国したのはラマダン期だったのだけど
断食月
日の出から日没まで水も食も一切とりません
お酒は一生口にしないのだって

厳しいです!! ラマダン期に限らず日常の食事でもイスラム教で決められた肉しか(HALALという)口にしません。

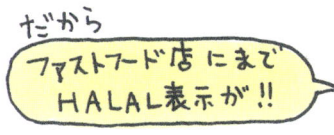

だから
ファストフード店にまでHALAL表示が!!

HALAL

★HALAL (ハラル) については→P132

あいさつを しよう

Jom kita tegur sapa.
ジョム キタ トゥグル サパ
Let's greet each other.

おはようございます (〜12時)
Selamat pagi.
スラマッ パギ
Good morning.

はじめまして
Selamat berkenalan.
スラマッ ブルクナラン
Nice to meet you.

こんにちは (12〜14時)
Selamat tengah hari.
スラマッ トゥガ ハリ
Good afternoon.

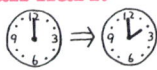

こんにちは (14時〜日没)
Selamat petang.
スラマッ プタン
Good evening.

こんばんは (日没〜)
Selamat malam.
スラマッ マラム
Good evening.

おはよう／こんにちは／こんばんは ★
Selamat sejahtera.
サラム スジャトゥラ
Hello.

● 丁寧なあいさつ

お元気ですか？
Apa khabar?
アパ カバル
How are you?

元気です。あなたはお元気ですか？
Khabar baik. Encik bagaimana?
カバル バイッ ンチッ バガイマナ
I'm fine. And you?

元気です。ありがとう
Baik. Terima kasih.
バイッ トゥリマ カスィ
I'm fine. Thank you.

いってらっしゃい
Baik-baik jalan.
バイッバイッ ジャラン
Be careful.

また会いましょう
Jumpa lagi.
ジュンパ ラギ
See you again.

★ フォーマルなあいさつなので、友達など親しい人には、Hai.（ハイ）「やあ」を使おう

お久しぶりです
Sudah lama tak jumpa.
スダ ラマ タッ ジュンパ
Long time no see.

ひとくちコラム
あいさつと「さようなら」
pagi（〜12時）、tengah hari（12〜14時）、petang（14時〜日没）、malam（日没〜）の時間帯で使い分けるのは日常のあいさつ。各時間帯の別れ際には「さようなら」の意味にもなる。一方、Selamat sejahtera.は朝昼晩いつでも使えるあいさつ。「あなたが平安でありますように」の意味で、返答もSelamat sejahtera.でよい。あいさつで使われるselamat「無事な」には「おめでとう」（→P83）の意味もある。

○○さんによろしく
Sampaikan salam pada ○○.
サンパイカン サラム パダ ○○
Please send my regards to ○○.

相変わらずです
Macam biasa.
マチャム ビアサ
Same as usual.

おかげさまで★
Alhamdulillah.
アルハムドゥリラ
Thank God.

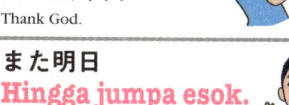

いつもお元気で
Sihat-sihat selalu.
スィハッスィハッ スラル
Take care.

また明日
Hingga jumpa esok.
ヒンガ ジュンパ エソッ
See you tomorrow.

● 気軽なあいさつ

どこへ行くの？
Nak ke mana?
ナッ ク マナ
Where're you going?

ちょっと散歩に
Nak ambil angin.
ナッ アンビル アギン
Just taking a walk.

ごはん食べた？
Sudah makan?
スダ マカン
Have you eaten yet?

食べたよ
Sudah.
スダ
Yes, I have.

バイバイ
Bai-bai.
バイバイ
Goodbye.

じゃあ、バイバイ
OK. Bai-bai.
オゥケイ バイバイ
OK. Goodbye.

ひとくちコラム
「どこへ行くの？」「ごはん食べた？」は日常のあいさつ。親しくなると必ず聞かれるが、「あ、どうも！」といった程度のお決まりのあいさつだ。返答に困ったら、Ke sana.（クサナ）「そこまで」とか、Belum.（ブルム）「まだだよ」と気軽に答えるとよい。

★イスラム教徒があいさつの返答によく使う。「神様のおぼしめし（神様のおかげでありがたい）」の意味

はじめよう / 歩こう / 食べよう / 買おう / 極めよう / 伝えよう / 日本の紹介

話しかけて みよう

Jom kita cuba tegur.
ジョム キタ チュバ トゥグル
Let's start a conversation.

すみません
Maafkan saya.
マアフカン サヤ
Excuse me.

何かご用ですか？
Boleh saya tolong?
ボレ サヤ トロン
May I help you?

ちょっとおうかがいしますが
Boleh tumpang tanya?
ボレ トゥンパン タニャ
Excuse me.

これを試してもいいですか？
Saya nak cuba boleh, tak?
サヤ ナッ チュバ ボレ タッ
Can I try it?

いいですよ
Boleh.
ボレ
Yes, please.

ダメです
Tak boleh.
タッ ボレ
No, you can't.

すみません（男性への呼びかけ）★	すみません（女性への呼びかけ）★
Encik... ンチッ Excuse me...	**Cik...** チッ Excuse me...

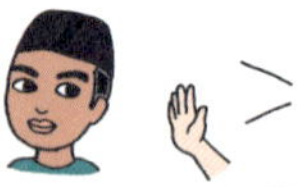

もしもし	もう一度言ってください
Helo. ハロ Hello.	**Tolong ulang sekali lagi.** トロン ウラン スカリ ラギ Once more, please.

お願いします/助けてね	ゆっくり話してください
Tolong, ya. トロン ヤ Please help me.	**Tolong cakap lambat sikit.** トロン チャカッ(プ) ランバッ シキッ Please speak slowly.

ちょっと待ってください	ここに書いてください
Tunggu sebentar. トゥング スブンタル Please wait a minute.	**Tolong tulis di sini.** トロン トゥリス ディ スィニ Please write it down here.

★「呼びかけの言葉」は相手によって使い分ける（→P11）

マレー語がとても上手ですね
Pandai betul berbahasa Melayu, ya.
パンダイ ブトゥル ブルバハサ ムラユ ヤ
Your Malay is very good.

少しだけです。まだ勉強中です
Tak adalah. Masih belajar.
タッ アダラ マスィ ブラジャル
No, not really. I'm still learning.

ありがとう
Terima kasih.
トゥリマ カスィ
Thank you.

どういたしまして ★
Tak apa. Tak mengapa.
タッ アパ タッ ムガパ
You're welcome.

大丈夫
Tak apa.
タッ アパ
It's all right.

どうぞ
Silakan.
スィラカン
Please.

はい
Ya.
ヤ
Yes.

いいえ
Tidak.
ティダッ
No.

違います
Bukan.
ブカン
No, it's wrong.

分かりました
Faham.
ファハム
I understand.

分かりません
Tak faham.
タッ ファハム
I don't understand.

知っています
Tahu.
タウ
I know.

ありますか？／いますか？
Ada, tak?
アダ タッ
Do you have it?

知りません
Tak tahu.
タッ タウ
I don't know.

ごめんなさい
Mintak maaf.
ミンタッ マアフ
I'm sorry.

失礼します（相手の前を横切る時）
Tumpang lalu, ya.
トゥンパン ラル ヤ
Excuse me, can you give way.

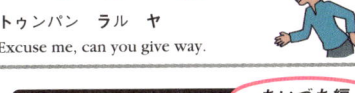

ダメ
Jangan. / Tak boleh.
ジャガン ／ タッ ボレ
You're not allowed to. / You can't.

使える！ワードバンク　あいづち編

本当？	Betul ke?	ブトゥル ク
まさか！	Masakan!	マサカン
そうですか	Oh, begitu.	オゥ ブギトゥ
すばらしい！	Bagus betul.	バグス ブトゥル
了解ね	Baiklah.	バイッラ
もちろん	Sudah tentu.	スダ トゥントゥ
たぶん	Mungkin.	ムンキン

ひとくちコラム
疑問文と否定のtidak, bukan
Ada.「ある／いる」はAda?「ある？／いる？」と文末を尻上がりに言えば疑問文になる。「tak(タッ)＋動詞」「〜ない」は否定を表すので、Ada.の否定ならTak ada.「ありません／いません」と言えばよい。名詞の否定は「bukan＋名詞」で表す（→P131）。

★丁寧に言いたい時は、Sama-sama.（サマサマ）を使おう

自己紹介をしよう

Jom kenalkan diri.
ジョム　クナルカン　ディリ
Let's introduce ourselves.

こんにちは。私の名前はヒロコです
Selamat petang. Nama saya Hiroko.
スラマッ　プタン　ナマ　サヤ　ヒロコ
Good evening. My name is Hiroko.

あなたのお名前は？ ★
Siapa nama cik?
スィアパ　ナマ　チッ
What's your name?

日本から来ました
Saya dari Jepun.
サヤ　ダリ　ジュプン
I'm from Japan.

会社員
kakitangan
カキタガン
staff

学生です →P94職業
Saya mahasiswa.
サヤ　マハシスワ
I'm a university student.

主婦
suri rumah
スリ　ルマ
housewife

21歳です →P86数字
Umur saya 21 tahun.
ウムル　サヤ　ドゥア　プル　サトゥ　タウン
I'm 21 years old.

初めて
pertama
プルタマ
first

2回目です
Kali yang kedua.
カリ　ヤン　クドゥア
Second time.

5日間滞在します
Saya tinggal kat sini 5 hari.
サヤ　ティンガル　カッ　スィニ　リマ　ハリ
I'm staying here for 5 days.

仕事
berniaga
ブルニアガ
business

観光で来ました
Saya makan angin ke mari.
サヤ　マカン　アギン　ク　マリ
I'm on a tour.

独身
bujang
ブジャン
single

結婚していますか？
Sudah berumah tangga?
スダ　ブルマ　タンガ
Are you married?

★「あなた」は相手によって使い分ける（→P11）

ひとくちコラム

「あなた」と呼びかけの言葉
丁寧な「あなた」は、男性はencik（ンチッ）、女性はcik（チッ）/puan（プアン）で、日本語の「すみません」に相当する呼びかけの言葉としても使う。Encik Yusuf（ユスフさん）、Cik Nur（ヌルさん/夫人）など名前の前につけると「〜さん」の意味になる。その他、相手の年齢や性別によって pak cik「おじさん」、mak cik「おばさん」、abang「お兄さん」、kakak「お姉さん」、adik（年下）と使い分けよう。

こんにちは。私はファティマです。
Selamat petang. Saya Fathima.
スラマッ プタン サヤ ファティマ
Good evening. I'm Fathima.

どこから来たのですか？
Datang dari mana?
ダタン ダリ マナ
Where are you from?

私はクアラルンプールに住んでいます ★
Saya tinggal di KL.
サヤ ティンガル ディ ケイエル
I'm staying in KL.

職業は何ですか？
Kerja apa?
クルジャ アパ
What's your occupation?

あなたは何歳ですか？
Umur cik berapa tahun?
ウムル チッ ブラパ タウン
How old are you?

マレーシアは初めてですか？
Pertama kali datang Malaysia?
プルタマ カリ ダタン マレイスィア
First trip to Malaysia?

どのくらい滞在しますか？
Berapa lama kat sini?
ブラパ ラマ カッ スィニ
How long are you staying here?

旅の目的は何ですか？
Buat apa datang sini?
ブアッ アパ ダタン スィニ
What's the purpose of your trip?

留学
belajar
ブラジャル
study

結婚しています。子供がいます
Sudah kahwin. Sudah ada anak pun.
スダ カウィン スダ アダ アナッ プン
I'm married with children.

★KL（クアラルンプール）、JB（ジョホール・バル）、KK（コタキナ・バル）など主要都市は略語で呼ぶことがある

マレーシアの人々を知ろう

Kenalilah orang Malaysia.
クナリラ オラン マレイスィア
Get to know the Malaysian people.

ひとくちコラム
複合民族社会マレーシア
マレー系約5割、中国系約3割、インド系約1割、先住民族とそのほかの民族約1割から成る。主にマレー系はイスラム教、中国系は仏教、インド系はヒンドゥー教、先住民族はキリスト教やイスラム教を信仰している。

あなたは何語を話せますか？
Cik boleh cakap bahasa apa?
チッ ボレ チャカッ(プ) バハサ アパ
What language can you speak?

マレー語と英語です
Bahasa Melayu dan bahasa Inggeris
バハサ ムラユ ダン バハサ イングリス
Malay and English.

中国語
bahasa Cina
バハサ チナ
Chinese language

タミル語
bahasa Tamil
バハサ タミル
Tamil language

あなたの信仰する宗教は何ですか？
Encik agama apa?
ンチッ アガマ アパ
What's your religion?

イスラム教です
Agama Islam.
アガマ イスラム
Islam.

仏教
agama Buddha
アガマ ブッダ
Buddhism

ヒンドゥー教
agama Hindu
アガマ ヒンドゥ
Hinduism

キリスト教
agama Kristian
アガマ クリスティアン
Christianity

マレー系 ★
Melayu
ムラユ
Malay

黄褐色や褐色の肌を持つモンゴロイド系。髪は直毛で先住民族より背が高い。マレー語を話し、マレーの慣習を順守するイスラム教徒。

男性用民族衣装
baju melayu
バジュ ムラユ
baju melayu

男性用腰布
samping
サンピン
samping

男性イスラム教徒用帽子
songkok
ソンコッ
songkok

スカーフのかぶりもの
kain tudung
カイン トゥドゥン
headscarf

女性用肩掛け
selendang
スレンダン
shawl

女性用民族衣装上着
kebaya
クバヤ
kebaya

腰布
sarung
サルン
sarung

女性用民族衣装
baju kurung
バジュ クルン
baju kurung

★マレー系や先住民族を指し、「土地の子」を意味するブミプトラbumiputera（ブミプトゥラ）という言葉もある

column　先住民族を知ろう

マレー半島中部の山岳地帯に住む人口約5万人のorang asli（オラン アスリ）をはじめ、東マレーシアのサバ、サラワク州の熱帯雨林には独自文化を持つ多くの先住民族が暮らしている。

カダザン
Kadazan
カダザン
Kadazan
サバ州人口の約3割で最大の民族。内陸から海岸平地に広く分布。

ムルッ
Murut
ムルッ
Murut
「ムルッ」は「丘の人」の意味で、サバ州の低地から内陸部に住む人々。

バジャウ
Bajau
バジャウ
Bajau
サバ州人口の約1割。海岸部一帯に住み、農耕、畜産などで生活する。

イバン
Iban
イバン
Iban
サラワク州人口の約3割で最大の民族。丘陵地に住み、焼畑や狩猟で生活。

ウル
Ulu
ウル
Ulu
サラワク州の山岳地帯に住み、焼畑、河川での漁業、狩猟で生活。

ビダユ
Bidayu
ビダユ
Bidayu
サラワク州人口の約1割。丘陵地に住み、黒と赤の民族衣装が特徴。

ムラナウ
Melanau
ムラナウ
Melanau
サラワク州人口の約1割。海岸沿いに住み、多くはイスラム教に改宗。

中国系
Cina
チナ
Chinese
主にスズ鉱山開発のために中国から移住。出身地の言葉以外に北京語を話し、商業、金融、農業などに従事。

インド系
India
インディア
Indian
インドから移住したゴム農園労働者、金融業者、医者など。ヒンドゥー教徒でタミル語、テルグ語などを話す。

男性用中国服
samfu
サンフ
samfoo

チャイナドレス
ceong sam
チョン サム
cheong sam

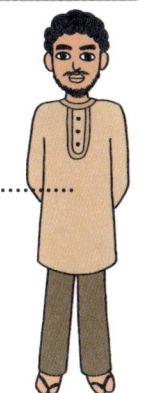

男性用インド服
kurta
クルタ
kurta

ビンディ（額の印）
kum-kum
クムクム
kum-kum

サリー
sari
サリ
saree

はじめよう / 歩こう / 食べよう / 買おう / 極めよう / 伝えよう / 日本の紹介

歩こう

首都クアラルンプールには中華街をはじめ、マレー人街、インド人街が点在。街の雰囲気の違いも楽しんでみよう。

モノレールや地下鉄などを使って、

クアラルンプール市内観光〜

多民族国家マレーシアですから────

中華街!!

バッタ物、安い服など多し

←そしてなぜか中華街の真ん中にインド系ヒンドゥー教寺院…

(スリ・マハマリアマン寺院)

そして インド人街!

BAZAR

こちらも衣料や雑貨、あと金の販売店が多かった

マレー人街 は、地元マレー人が利用している庶民的ムード。

ラマダン明けの食事をうきうきと買いにくる人々→

など、人種や宗教の違いを楽しむ散策。

どの街にもあるのだけど、それっぽいから

中華街で ロンガンジュース → インド街で さとうきびジュース → マレー街で バジルシードドリンク

黒ざとう味 ちょっとすっぱい

梨みたいな味 おいしい!

ピンク! つぶつぶ入り

はじめよう / 歩こう / 食べよう / 買おう / 極めよう / 伝えよう / 日本の紹介

15

マレーシアを巡ろう

Jom jelajahi Malaysia.
ジョム ジュラジャヒ マレイスィア
Let's travel all over Malaysia.

マレー半島とボルネオ島北部からなるマレーシアは、東南アジアのほぼ中央に位置する。国土の6割には熱帯雨林の大自然が広がり、進化を遂げる大都市や歴史あふれる世界遺産の街など観光スポットも多い。

column │ マレーシアの世界遺産 ★

動植物の宝庫、サバ州「キナバル自然公園」、洞窟群で有名なサラワク州「グヌン・ムル国立公園」、「マラッカとジョージタウン、マレー半島歴史の街」がユネスコ世界遺産に登録。

西マレーシア
Malaysia Barat
マレイスィア バラッ
West Malaysia

❶ ランカウイ島
Pulau Langkawi
プラウ ランカウィ
Langkawi Island

近年注目の高級ビーチリゾート地だが、原生林などの自然も豊か。免税地区のためショッピングも充実。

❷ ペナン島
Pulau Pinang
プラウ ピナン
Penang

州都ジョージタウンは、マレー、中国、インドなど多民族国家を象徴する建物が立ち並ぶ世界遺産の街。

❸ クアラルンプール
Kuala Lumpur(KL)
クアラ ルンプル
Kuala Lumpur

マレーシアの首都。近代的なタワーやコロニアル建築が混在するアジア有数の大都市。

❹ マラッカ
Melaka
ムラカ
Malacca

600年間、東西貿易の中継点として栄え、ヨーロッパ列強の歴史的史跡と中国・マレー文化が融合する街。

❺ ジョホール・バル
Johor Bharu(JB)
ジョホール バル
Johor Bharu

マレー半島南端のイスラム色の強い国境の町。シンガポールとは陸橋コーズウェイで結ばれている。

★マレーシアには2008年12月現在、3つの世界遺産がある。ただし、マラッカとペナン島のジョージタウンを2カ所とすると合計4カ所

ダイビングをするにはどこがいいですか？
Nak pergi menyelam kat mana bagus?
ナッ プルギ ムニュラム カッ マナ バグス
Where is a good spot / place for diving?

シパダン島がオススメです
Pulau Sipadan bagus, kan.
プラウ スィパダン バグス カン
Sipadan Island is a good spot / place, right?

ひとくちコラム
多民族が共存するマレーシア
マレーシアは13州と首都クアラルンプール、行政の中心地プトラジャヤ、東マレーシアのラブアン島の3連邦地域から成る連邦国家。

❾ クアラ・トレンガヌ
Kuala Terengganu
クアラ トレンガヌ
Kuala Terengganu

沖合のレダン島やウミガメの産卵で有名なプルフンティアン島などの島々はダイバーに人気。

❿ コタ・バル
Kota Bharu
コタ バル
Kota Bharu

東海岸北端でタイに隣接する。イスラム色が強く、伝統芸能・工芸が根付いているマレー文化の中心地。

東マレーシア
Malaysia Timur
マレイスィア ティムル
East Malaysia

ラヤン・ラヤン島
❼ サンダカン
キナバル山
キナバル自然公園
ラブアン島
❽ コタ・キナバル
バンダル・スリ・ブガワン
サバ州
ブルネイ・ダルサラーム
ダヌン・バレー
ミリ
南シナ海
グヌン・ムル国立公園
ニア国立公園
ムルド山
シパダン島
サラワク州
インドネシア
コンケムル山
バコ国立公園
バトゥブロク山
メンヤパ山
❻ クチン
ボルネオ島

❻ クチン ★
Kuching
クチン
Kuching

kuchingは「ネコ」という意味で市内にはネコ博物館も。郊外の国立公園では熱帯雨林の自然が体験できる。

❼ サンダカン
Sandakan
サンダカン
Sandakan

ボルネオ島北東の街。野生動物を観察できる自然保護区やダイビングエリアへのゲートウェイ。

❽ コタ・キナバル
Kota Kinabalu(KK)
コタ キナバル
Kota Kinabalu

標高4095メートルのキナバル山周辺には自然公園があるほか、ビーチリゾートとしても知られている。

★kuchingは旧つづり。新つづりはkucing

クアラルンプールを歩こう

Jom jalan-jalan di Kuala Lumpur.
ジョム ジャランジャラン ディ クアラ ルンプル
Let's take a walk around Kuala Lumpur.

○○に行きたいのですが
Saya nak pergi ○○.
サヤ ナッ プルギ ○○
I want to go to ○○.

○○駅で降りてください
Sila turun di stesen ○○.
スィラ トゥルン ディ ステセン ○○
Please get off at ○○ station.

❶ スルタン・アブドゥル・サマド・ビル ★
Bangunan Sultan Abdul Samad
バグナン スルタン アブドゥル サマッ
Sultan Abdul Samad Building

1894年に建てられたムーア様式の建物。現在は最高裁判所として使用。

❷ 国立モスク
Masjid Negara
マスジッ ヌガラ
National Mosque

1965年に完成した国内最大のモスク。波状の屋根が特徴で約8000人収容可能。

❸ KLセントラル駅
Stesen KL Sentral
ステセン ケイエル セントラル
KL Central Station

建築家、黒川紀章による明るくモダンな設計で、KL鉄道の玄関口。

地図上の地名:
- MEDAN TUANKU
- ダン・ワンギ通り / DANG WANG
- BANDAR RAYA
- クラン川 / LRT(クラナ・ジャヤ線)
- ❽ KLタワー
- パーリメン通り
- ムルデカ(独立)広場
- MASJID JAMEK
- セント・ジョン教会
- ❶ スルタン・アブドゥル・サマド・ビル / Sultan Abdul Samad Building
- ❹ マスジット・ジャメ / Masjid Jamek
- レイク・ガーデン
- 国立歴史博物館
- セントラル・マーケット
- PLAZA RAKYAT
- PASAR SENI
- ヒンドゥー寺院
- ❺ チャイナタウン / China Town
- スルタン通り
- ❷ 国立モスク / National Mosque
- ❻ クアラルンプール駅 / Kuala Lumpur Railway Station
- MAHARAJALELA
- 国立博物館
- LRT(クラナ・ジャヤ線)
- KTMコミューター
- ❸ KLセントラル駅 / KL SENTRAL
- ❿ 王宮 / Istana Negara

★ムーア様式とはイスラムの影響を受けた建築様式のこと

○○までどのくらいかかりますか？
Nak ke ○○ makan masa berapa lama?
ナク ○○ マカン マサ ブラパ ラマ
How long does it take to get to ○○?

○○分くらいです
Lebih-kurang ○○ minit.
ルビクラン ○○ ミニツ
About ○○ minutes.

❹ マスジッド・ジャメ
Masjid Jamek
マスジッ ジャメッ
Jamek Mosque

クラン川とゴンバック川の合流点に建つ市内最古のイスラム寺院。

❺ チャイナタウン
China Town
チャイナ タウン
China Town

日用雑貨の露店が並ぶペタリン通りのナイトマーケットがお勧め。

❻ クアラルンプール駅
Stesen Kuala Lumpur
ステセン クアラ ルンプル
Kuala Lumpur Station

1910年建設のムーア様式。現在はKTMコミューターの発着のみ。

❼ KLCC
KLCC
ケイエルスィスィ
KLCC

KLのランドマークであるペトロナス・ツインタワーは高さ452m。スカイブリッジからの展望も可。

❽ KLタワー
Menara KL
ムナラ ケイエル
KL Tower

高さ421mの通信塔。展望台や回転レストランから市内を一望できる。夜景も必見。

❾ ブキッ・ビンタン
Bukit Bintang
ブキッ ビンタン
Bukit Bintang

ロット10とスンガイ・ワン・プラザのあるショッピングエリア。

❿ 王宮
Istana
イスタナ
Palace

緑の芝生や木々に囲まれ、金色のドームが美しい国王の宮殿。

🐵 **ひとくちコラム**

歴史と現代の交錯する街
クアラルンプールはマレーシアの首都で、アジア屈指の大都市。ペトロナス・ツインタワー、KLセントラル駅など現代を象徴するモダンと、マスジッド・ジャメ、スルタン・アブドゥル・サマド・ビルなど植民地時代の建造物などのレトロが共存し、民族色豊かな歴史と文化に満ちている。

はじめよう｜歩こう｜食べよう｜買おう｜極めよう｜伝えよう｜日本の紹介

別の国、街へ移動しよう

Jom pergi negara, bandar lain.
ジョム プルギ ヌガラ バンダル ライン
Let's go to other countries, towns.

飛行機
pesawat udara
プサワッ ウダラ
aeroplane

チェックインをお願いします
Saya nak mendaftar masuk.
サヤ ナッ ムンダフタル マスッ
I want to check in.

パスポートと航空券を拝見します
Sila tunjukkan pasport dan tiket kapal terbang.
スィラ トゥンジュッカン パスポッ ダン ティケッ カパル トゥルバン
Please show your passport and flight ticket.

預ける荷物はありますか？
Ada, tak barang yang nak didaftar masuk?
アダ タッ バラン ヤン ナッ ディダフタル マスッ
Do you have any luggage to check in?

はい
Ada.
アダ
Yes.

窓（通路）側をお願いします
Mintak tempat duduk sebelah tingkap (lorong jalan)
ミンタッ トゥンパッ ドゥドゥッ スブラ ティンカッ(プ) (ロロン ジャラン)
Please give a window seat (aisle seat).

いいえ
Tak ada.
タッ アダ
No.

国際線
talian antarabangsa
タリアン アンタラバンサ
international line

国内線
talian domestik
タリアン ドメスティッ
domestic line

長距離バス
bas perjalanan jauh
バス プルジャラナン ジャウ
long distance bus

出発時間
waktu berlepas
ワクトゥ ブルルパス
departure time

どのくらい時間がかかりますか？
Makan masa berapa lama?
マカン マサ ブラパ ラマ
How long does it take?

到着時間
waktu tiba
ワクトゥ ティバ
arrival time

（トイレへ行く）休憩はありますか？
Berhenti, tak dalam perjalanan?
ブルフンティ タッ ダラム プルジャラナン
Is there any break during the journey?

（走行中に）トイレに行きたいのですが
Saya nak pergi tandas.
サヤ ナッ プルギ タンダス
I want to go to the toilet.

★搭乗口はpintu（ピントゥ）

マレー鉄道
Keretapi Tanah Melayu Bhd. (KTM)
クレタピ　タナ　ムラユ　ブルハッ　ケイティエム
Kereta api Tanah Melayu Bhd. (KTM)

チケット売り場はどこですか？
Di mana tempat jual tiket?
ディ　マナ　トゥンパッ　ジュアル　ティケッ
Where can I buy a ticket?

○○まで1等座席を1枚ください
Mintak tiket tempat duduk kelas satu ke ○○, satu.
ミンタッ　ティケッ　トゥンパッ　ドゥドゥッ　クラス　サトゥ　ク　○○　サトゥ
Give me one first class seat to ○○.

2等
kelas dua
クラス　ドゥア
second class

エコノミー
kelas ekonomi
クラス　エコノミ
economy class

ひとくちコラム
マレー鉄道とサバ州鉄道　シンガポール、タイへの移動には、時間に余裕がある人にはマレー鉄道がおすすめだ。急行列車のほか、寝台車の連結されている夜行急行もある。ボルネオ島にはコタ・キナバルからテノムまでサバ州鉄道が通っており、車窓からは素朴で南国を感じさせるジャングルの風景を楽しめる。

使える！ワードバンク　鉄道編

車掌	**konduktur** コンドゥクトゥル
時刻表	**jadual waktu** ジャドゥアル　ワクトゥ
食堂車	**gerabak tempat makan** グラバッ　トゥンパッ　マカン
寝台車	**gerabak tempat tidur** グラバッ　トゥンパッ　ティドゥル
普通列車	**kereta api biasa** クレタ　アピ　ビアサ
国際急行列車	**kereta api ekspres antarabangsa** クレタ　アピ　エクスプレス　アンタラバンサ

駅 stesen ステセン station

列車 kereta api クレタ　アピ train

アナウンス pengumuman プンウムマン announcement

プラットホーム platform プラッフォム platform

切符の自動販売機 mesin jual tiket ムスィン　ジュアル　ティケッ ticket machine

改札口 pintu keluar masuk ピントゥ　クルアル　マスッ ticket gate

ロッカー tempat simpan barang トゥンパッ　シンパン　バラン locker

駅員 staf stesen スタッフ　ステセン station staff

案内所 tempat maklumat トゥンパッ　マクルマッ information desk

電光掲示板 paparan elektronik パパラン　エレクトロニッ digital display

待合所 ruang menunggu ルアン　ムヌング waiting area

切符売場 tempat jual tiket トゥンパッ　ジュアル　ティケッ ticket office

乗り物に乗ろう

Jom naik teksi, bas, kereta api.
ジョム ナイッ テクスィ バス クレタ アピ
Let's take a taxi, bus, train.

市内の移動にはタクシーが安くて便利。目的地の近くに駅があるなら、電車が早くて快適。バスは乗りこなすのが難しいが、慣れれば格安の移動手段だ。

タクシーを呼んでください
Tolong panggil teksi.
トロン パンギル テクスィ
Can you please call me a taxi?

○○まで行ってください
Hantar saya ke ○○.
ハンタル サヤ ク ○○
Please take me to ○○.

メーターを使ってください★
Tolong guna meter.
トロン グナ メテル
Please use the meter.

○○までいくらですか?
Sampai ○○, berapa?
サンパイ ○○ ブラパ
How much is it to ○○?

ここで停めてください
Tolong berhenti di sini.
トロン ブルフンティ ディ スィニ
Please stop here.

急いでいます
Saya nak cepat.
サヤ ナッ チュパッ
I'm in a hurry.

お釣りをください
Mintak wang balik.
ミンタッ ワン バリッ
Can I have my change?

ここで降ります
Saya nak turun di sini.
サヤ ナッ トゥルン ディ スィニ
I want to get off here.

バス / **bas**
バス
bus

列車 / **kereta api**
クレタ アピ
train

LRT / **LRT**
エルアルティ
LRT

LRTはライト・レール・トランジットの略。スターとプトラの2路線運行し、マスジッド・ジャメ駅で交差している。

KLモノレール / **Monorel KL**
モノレル ケイエル
KL monorail

クアラルンプールのKLセントラル駅〜ティティワンサ駅を結ぶ。ブキッ・ビンタンへ行くのに便利。

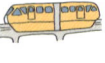

★メーターを使いたがらないタクシードライバーも多い。メーターを使うよう依頼するか、行き先を伝えて料金を確認してから出発するようにしよう

○○行きのチケットを2枚ください
Mintak dua tiket ke ○○
ミンタ ドゥア ティケック ○○
Please give me 2 tickets to ○○.

プリペイドカード
kad bayar dulu
カッ バヤル ドゥル
prepaid card

○○行きのバスはどれですか？
Bas nak ke ○○ yang mana?
バス ナック ○○ ヤン マナ
Which bus goes to ○○?

バス停
tempat tunggu bas
トゥンパッ トゥング バス
bus stop

LRTの乗り場はどこですか？
Nak naik LRT kat mana?
ナッ ナイッ エルアルティ カッ マナ
Where can I get the LRT?

1日券
tiket sehari
ティケッ スハリ
one-day ticket

これは○○まで行きますか？
Tak pergi sampai ○○ ke?
タッ プルギ サンパイ ○○ ク
Does it go to ○○?

→ ## 行きます
Pergi.
プルギ
Yes, it does.

行きません。乗り換えが必要です
Tak pergi. Kena tukar kereta api.
タッ プルギ クナ トゥカル クレタ アピ
No, it doesn't. You have to change trains.

どこで乗り換えるのですか？
Tukar kat mana?
トゥカル カッ マナ
Where do I have to change trains?

→ ## ○○で乗り換えます
Tukar kat ○○.
トゥカル カッ ○○
You have to change at ○○.

○○に着いたら教えてください
Bila dah sampai ○○, beritahu, ya!
ビラ ダ サンパイ ○○ ブリタウ ヤ
When we reach ○○, please let me know.

ひとくちコラム
レンタカー
レンタカー Kereta sewa（クレタ セワ）には国際免許が必要。車の走行方向は日本と同じで左側通行。車は右ハンドルなので運転しやすい。

KTMコミューター
Komuter KTM
コミュタル ケイティエム
Commuter KTM

クアラルンプール市内と郊外、セランゴール州、ネグリ・センビラン州を結ぶ。シャー・アラムを通る。

ミニバス
bas mini
バス ミニ
mini bus

主に大都市郊外で活躍する路線バス。幹線道路から離れた住宅街などを中心に運行している。

トライショー
beca
ベチャ
trishaw

人力三輪タクシー。地方都市では庶民の足だが、マラッカやペナン島では市内観光用として観光客が利用。

★LRT、KLモノレール、KTMコミューターはクアラルンプールで運行する交通機関

道を尋ねよう

Tumpang tanya jalan.
トゥンパン タニャ ジャラン
Asking for directions.

○○はどこですか？
○○ di mana?
○○ ディ マナ
Excuse me, where is the ○○?

ここから歩いて行けますか？
Boleh, tak jalan kaki dari sini?
ボレ タッ ジャラン カキ ダリ スィニ
Can I walk from here?

行けますよ
Boleh.
ボレ
Yes, you can.

無理かなぁ
Tak boleh, tak.
タッ ボレ タッ
I'm afraid not.

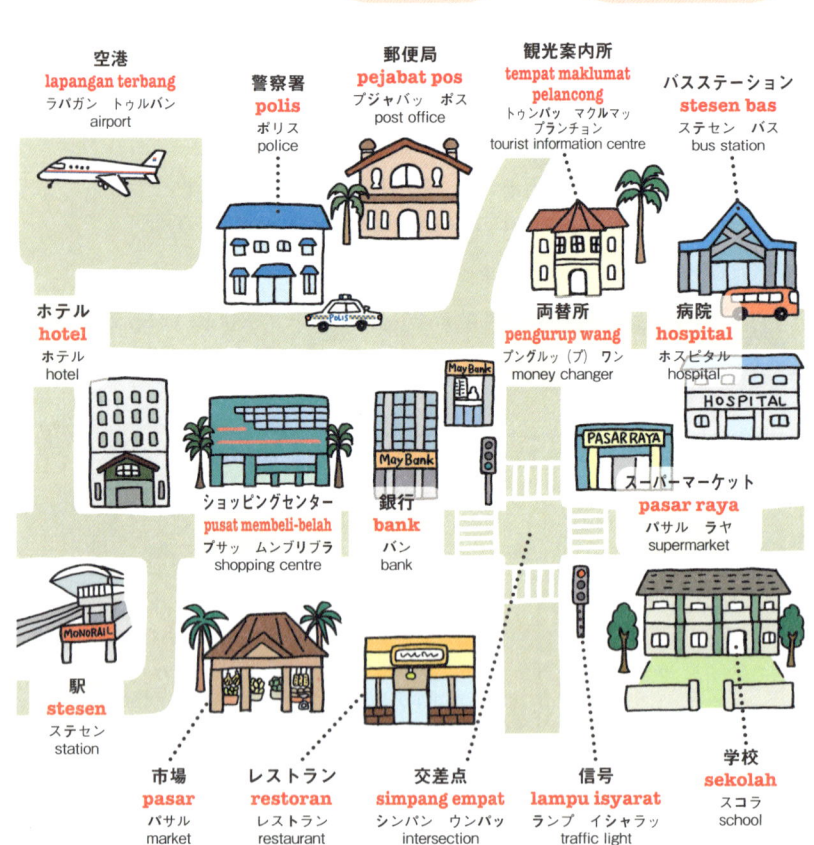

空港
lapangan terbang
ラパガン トゥルバン
airport

警察署
polis
ポリス
police

郵便局
pejabat pos
プジャバッ ポス
post office

観光案内所
tempat maklumat pelancong
トゥンパッ マクルマッ プランチョン
tourist information centre

バスステーション
stesen bas
ステセン バス
bus station

ホテル
hotel
ホテル
hotel

両替所
pengurup wang
プングルッ(プ) ワン
money changer

病院
hospital
ホスピタル
hospital

ショッピングセンター
pusat membeli-belah
プサッ ムンブリブラ
shopping centre

銀行
bank
バン
bank

スーパーマーケット
pasar raya
パサル ラヤ
supermarket

駅
stesen
ステセン
station

市場
pasar
パサル
market

レストラン
restoran
レストラン
restaurant

交差点
simpang empat
シンパン ウンパッ
intersection

信号
lampu isyarat
ランプ イシャラッ
traffic light

学校
sekolah
スコラ
school

★尋ねる前に、Tumpang tanya?（**トゥンパン タニャ**）「ちょっと聞いてもいいですか？」と声をかけるとより丁寧

この近くに○○はありますか？
Ada ○○, tak dekat sini?
アダ ○○ タッ ドゥカッ スィニ
Is there a ○○ near here?

ひとくちコラム
道に迷ったら…
マレーシア人は「知らない」と答えるのは失礼になると考え、道を聞かれると、知らなくても丁寧に教えてくれる。不安なら何人かに尋ねるとよい。

あります。あそこです
Ada. Ada di sana.
アダ アダ ディ サナ
Yes, there is. It's over there.

ありません
Tak ada.
タッ アダ
No, there isn't.

道に迷いました
Saya sesat jalan.
サヤ ススァッ ジャラン
I lost my way.

（地図を見せながら）ここはどこですか？
Tempat ini kat mana?
トゥンパッ イニ カッ マナ
Where is this place?

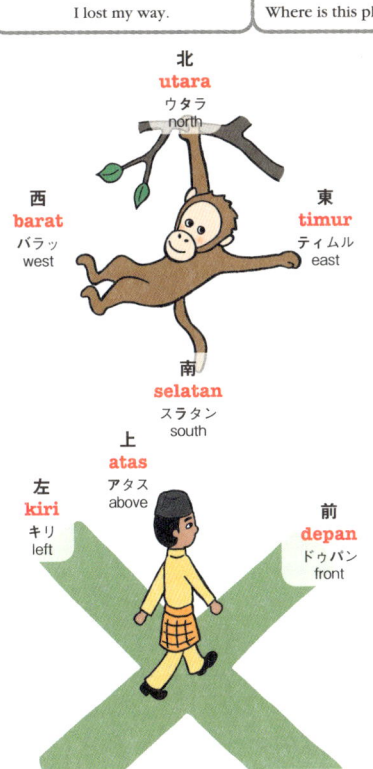

北 utara ウタラ north
西 barat バラッ west
東 timur ティムル east
南 selatan スラタン south
上 atas アタス above
左 kiri キリ left
前 depan ドゥパン front
後 belakang ブラカン back
下 bawah バワ below
右 kanan カナン right

連れて行ってもらえますか？
Boleh, tak hantar saya?
ボレ タッ ハンタル サヤ
Can you take me there?

近い **dekat** ドゥカッ near	遠い **jauh** ジャウ far
最初の **yang pertama** ヤン プルタマ the first	次の **yang berikutnya** ヤン ブリクッニャ next
ここに **di sini** ディ スィニ here	そこに **di situ** ディ スィトゥ there

使える！ワードバンク　交通編

道	jalan	ジャラン
○○通り	Jalan ○○	ジャラン ○○
つきあたり	jalan mati	ジャラン マティ
こちら側	sebelah sini	スブラ スィニ
向こう側	sebelah sana	スブラ サナ
横断する	menyeberang	ムニュブラン
横断歩道	lintasan zebra	リンタサン ゼブラ

はじめよう / 歩こう / 食べよう / 買おう / 極めよう / 伝えよう / 日本の紹介

観光しよう

Jom melancong.
ジョム ムランチョン
Let's go sightseeing.

入場券はいくらですか？
Tiket masuk berapa?
ティケッ マスッ ブラパ
How much is the entrance ticket?

○○リンギットです
○○ ringgit.
○○ リンギッ
○○ ringgit.

大人2枚ください ➡P86数字
Mintak dua tiket dewasa.
ミンタッ ドゥア ティケッ デワサ
Give me two tickets for adults.

子供
budak
ブダッ
child

日本語（英語）のパンフレットはありますか？
Ada brosure dalam bahasa Jepun（Inggeris）?
アダ ブロシュル ダラム バハサ ジュプン（イングリス）
Are there any brochures in Japanese (English)?

仏教寺院
topekong
トペコン
Buddhist temple

ヒンドゥー寺院
kuil
クイル
Hindu temple

イスラム寺院
masjid
マスジッ
mosque

博物館
muzium
ムズィウム
museum

展示室
ruang pameran
ルアン パメラン
exhibition area

トイレ
bilik air / tandas
ビリッ アイル／タンダス
rest room / toilet

水族館
akuarium
アクアリウム
aquarium

休憩所
tempat rehat
トゥンパッ レハッ
resting area

みやげ物売り場
kedai cenderamata
クダイ チュンドラマタ
souvenir shop

入場券売り場
tempat jual tiket
トゥンパッ ジュアル ティケッ
ticket counter

26

写真を撮ってもいいですか？
Boleh ambil gambar, tak?
ボレ アンビル ガンバル タッ
Can I take photos?

いいです
Boleh.
ボレ
Yes, you can.

私の写真を撮っていただけますか？
Tolong ambil gambar saya.
トロン アンビル ガンバル サヤ
Please take my photo for me?

だめです
Tak boleh.
タッ ボレ
No, you can't.

（シャッターボタンを指して）ここを押してください
Tekan di sini.
トゥカン ディ スィニ
Please press here.

撮影禁止
Dilarang Ambil Gambar
ディララン アンビル ガンバル
Taking Photos is Prohibited

開館（閉館）時間は何時ですか？★
Pukul berapa buka（tutup）?
プクル ブラパ ブカ（トゥトゥッ（プ））
What time does it open (close)?

ガイドツアーはありますか？
Ada lawatan dengan pemandu?
アダ ラワタン ドゥガン プマンドゥ
Do you have a guided tour?

○○に興味があります
Saya minat ○○.
サヤ ミナッ ○○
I'm interested in ○○.

教会
gereja
グレジャ
church

入口
pintu masuk
ピントゥ マスッ
entrance

出口
pintu keluar
ピントゥ クルアル
exit

押す
tolak
トラッ
push

引く
tarik
タリッ
pull

公園
taman
タマン
park

禁煙
Dilarang Merokok
ディララン ムロコッ
Smoking Prohibited

美術館
balai seni
バライ スニ
art museum

有料
tak percuma
タッ プルチュマ
not for free

無料
percuma
プルチュマ
free of charge

★時間は→P88へ

ホテルに泊まろう

Jom bermalam di hotel.
ジョム ブルマラム ディ ホテル
Let's stay in a hotel!

予約をした○○です
Saya ada buat tempahan bilik. Nama saya ○○.
サヤ アダ ブアッ トゥンパハン ビリッ ナマ サヤ ○○
I've made a reservation. My name is ○○.

空室はありますか？
Ada bilik kosong, tak?
アダ ビリッ コソン タッ
Do you have any rooms available?

あります
Ada.
アダ
Yes, we do.

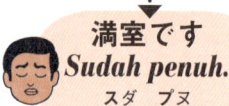

満室です
Sudah penuh.
スダ プヌ
Sorry, we're fully booked.

1泊いくらですか？
Berapa satu malam?
ブラパ サトゥ マラム
What is the room rate per night?

長期滞在割引はありますか？
Kalau tinggal lama, ada potongan harga?
カラウ ティンガル ラマ アダ ポトガン ハルガ
If I stay longer, is there any special rate?

キッチンはついていますか？
Bilik ini ada dapur, tak?
ビリッ イニ アダ ダプル タッ
Is there a kitchen in this room?

コインランドリー
dobi awam
ドビ アワム
coin laundry

チェックアウトは何時ですか？
Waktu mendaftar keluar pukul berapa?
ワクトゥ ムンダフタル クルアル プクル ブラパ
What is the check out time?

ホテル **hotel**	サービスアパートメント ★ **apartmen sewa**	コンドミニアム **kondominium**
ホテル hotel	アパルトメン セワ serviced apartment	コンドミニウム condominium

シングル **bilik bujang**	ツイン **bilik kembar**	ダブル **bilik kelamin**
ビリッ ブジャン single room	ビリッ クンバル twin room	ビリッ クラミン double room

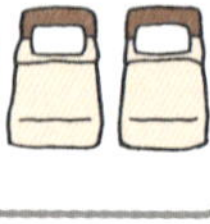

ひとくちコラム
ロングステイの人気スポット
マレーシアは、ロングステイに適したさまざまな環境が整っている。まず、治安がよく、物価が安い。どの民族も外国人に対してフレンドリー。公用語はマレー語だが、英語も共通語として使われている。平均気温26℃の常夏の国で、年間を通じて気温の差はあまりない。日本から空路6～8時間で、時差はわずか1時間。衛生環境がよく、医療水準が高いなど。近年、日本人のロングステイ経験者も増えている。

★家具、電化製品付でフロントがあり、掃除やベッドメイキング、シーツ・タオル交換などホテル並みのサービスが受けられる高級賃貸住宅

●ホテルの客室

- ベッド **katil** カティル bed
- 枕 **bantal** バンタル pillow
- 電話 **telefon** テレフォン telephone
- トイレ **bilik air / tandas** ビリッ アイル / タンダス rest room / toilet
- エアコン **alat hawa dingin** アラッ ハワ ディギン air conditioner
- 浴室 **bilik air / bilik mandi** ビリッ アイル / ビリッ マンディ shower room / bathroom
- シーツ **alas katil** アラス カティル bed sheet
- 毛布 **selimut** スリムッ blanket
- ドア **pintu** ピントゥ door
- 窓 **tingkap** ティンカッ(プ) window
- いす **kerusi** クルスィ chair
- クロゼット **almari pakaian** アルマリ パカイアン closet
- テーブル **meja** メジャ table
- テレビ **TV** テェヴェ TV
- 冷蔵庫 **peti sejuk** プティ スジュッ refrigerator
- セーフティボックス **peti selamat** プティ スラマッ safety box

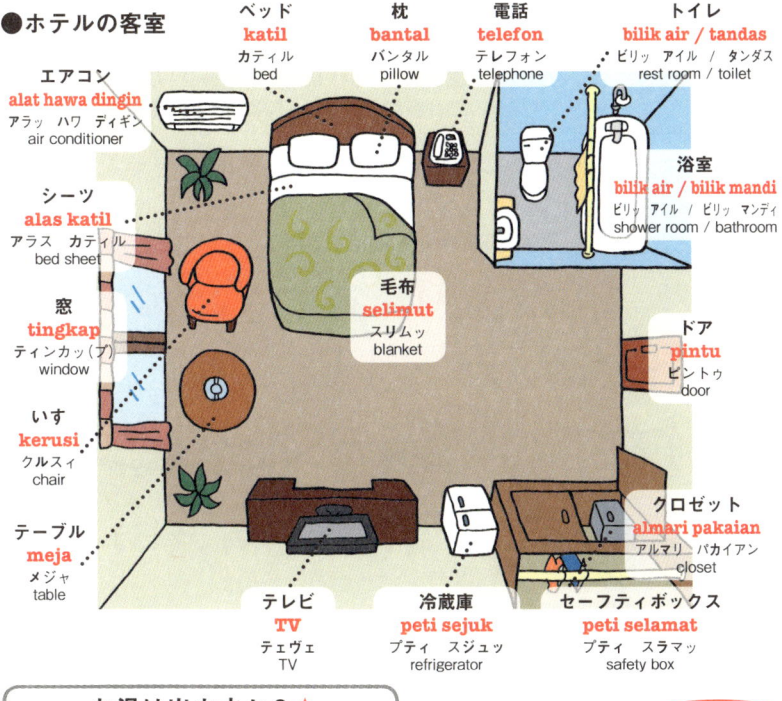

お湯は出ますか？ ★
Ada air panas, tak?
アダ アイル パナス タッ
Is there hot water?

○○の使い方がわかりません
Saya tak pandai nak guna ○○.
サヤ タッ パンダイ ナッ グナ ○○
I don't know how to use ○○.

○○を持って来てください
Tolong bawa ○○ ke mari.
トロン バワ ○○ ク マリ
Please bring the ○○ here.

○○が壊れています
○○ dah rosak.
○○ ダ ロサッ
The ○○ is not working.

使える！ワードバンク　ホテル編

フロント	**kaunter depan**	カウントゥル ドゥパン
モーニングコール	**panggilan bangunkan tidur**	パンギラン バグンカン ティドゥル
ランドリーサービス	**perkhidmatan dobi**	プルヒドゥマタン ドビ
新聞	**surat khabar**	スラッ カバル
ハンガー	**penyangkut baju**	プニャンクッ バジュ
ドライヤー	**alat pengering rambut**	アラッ プグリン ランブッ
蚊取り線香	**ubat nyamuk**	ウバッ ニャムッ
インターネット回線	**talian internet**	ティリアン インタルネッ
食器	**pinggan mangkuk**	ピンガン マンクッ
調理器具	**perkakas masak**	プルカカス マサッ
非常口	**pintu kecemasan**	ピントゥ クチュマサン
停電	**bekalan elektrik terputus**	ブカラン エレクトリッ トゥルプトゥス
雨漏り	**bocor**	ボチョル

★お湯でシャワーを浴びる習慣がないので、多くの地方のホテルや安宿にはお湯の設備がない

食べよう

マレー料理、中国料理、インド料理と料理のジャンルも充実。
中国とマレーの融合料理、ニョニャ料理もぜひお試しを！

マレーシア料理 —— とひと口にいっても

マレー系
サテ
甘辛ピーナッツソース

サッパリ！

中国系
ハイナンチキンライス

インド系
カレーと
ロティ・チャナイ
本格

いろいろ揃っています。

タイ料理のベトナム料理の店もよくみかける

そして「ニョニャ料理」というジャンルがあるのですが

中国系移民とマレー人女性の間に生まれた子孫のことを

男性はBaba ババ
女性はNyonya ニョニャ
と呼ぶ

中国とマレーの融合文化は料理にも取り入れられ、「ニョニャ料理」と呼ばれているのです。

とてもお洒落な
オードブル

Pie tee　パイ・ティー

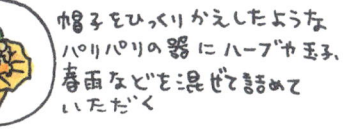

帽子をひっくりかえしたような
パリパリの器にハーブや玉子、
春雨などを混ぜて詰めて
いただく

青いごはん!!
ココナツライス

朝顔の花で色を付けている

とり肉の煮込み 甘辛味

Ayam Pon Teh
アヤム・ポン・テ

チリソースを
そえて↓

マイルドで
ありながら
スパイシーな
味付けが多い。

これ好き！ニョニャラクサ

ココナッツミルク味の
カレースープラーメンです

★ココナツライスはレストランによっては色が付いてないものもある

はじめよう　歩こう　**食べよう**　買おう　極めよう　伝えよう　日本の紹介

予約と注文

Membuat Tempahan dan Membuat Pesanan
ムンブアッ トゥンパハン ダン ムンブアッ プサナン
Making Reservation and Ordering Food

この近くに、いい○○はありますか？
Dekat sini ada, tak ○○ yang baik?
ドゥカッ スィニ アダ タッ ○○ ヤン バイッ
Is there a good ○○ around here?

あります
Ada.
アダ
Yes, there is.

ありません
Tak ada.
タッ アダ
No, there isn't.

○○で食べてみたいです
Saya nak makan di ○○.
サヤ ナッ マカン ディ ○○
I want to eat at ○○.

レストラン	食堂	屋台
restoran	**kedai makan**	**gerai**
レストラン	クダイ マカン	グライ
restaurant	canteen-like shop	food stall

フードコート	ファストフード	コーヒーショップ（中国系）★
medan selera	**kedai makanan segera**	**kopitiam**
メダン スレラ	クダイ マカナン スグラ	コピティアム
food court	fast food	coffee shop (Chinese)

今晩、予約をしたいのですが
Saya nak buat tempahan meja untuk malam ini.
サヤ ナッ ブアッ トゥンパハン メジャ ウントゥッ マラム イニ
I'd like to make a reservation for tonight.

何時からですか？
Dari pukul berapa?
ダリ プクル ブラパ
From what time?

午後7時です
Pukul 7 malam.
プクル トゥジュ マラム
7 o'clock.

何人ですか？
Untuk berapa orang?
ウントゥッ ブラパ オラン
For how many people?

2人です
Untuk 2 orang.
ウントゥッ ドゥア オラン
For 2 people.

あなたのお名前をどうぞ
Nama encik siapa?
ナマ ンチッ スィアパ
Your name, please.

○○です
○○.
○○
I'm ○○.

★喫茶と軽食だけでなく、麺、粥、ご飯、カレーなどの料理も出す大衆食堂

すみません、注文をお願いします ★
Kakak, saya nak pesan makanan.
カカッ サヤ ナッ プサン マカナン
Excuse me, I'm ready to order.

ひとくちコラム
料理の分量と伝票は要チェック！食事の量は多めなので、レストランでは分量を確認してから注文するとよい。また、伝票に誤りが多いので明細をチェックしてから支払うこと。

セットメニュー
makanan satu set
マカナン サトゥ セッ
set menu

日替わり定食
makanan istimewa ikut hari
マカナン イスティメワ イクッ ハリ
daily special menu

日本語(英語)のメニューはありますか？
Ada, tak menu dalam bahasa Jepun (Inggeris)?
アダ タッ メニュ ダラム バハサ ジュプン (イングリス)
Do you have the menu in Japanese (English)?

おすすめは何ですか？
Apa yang sedap kat sini?
アパ ヤン スダッ(プ) カッ スィニ
What do you recommend?

喫煙席
tempat duduk perokok
トゥンパッ ドゥドゥッ プロコッ
smoking seat

あれと同じものをください
Mintak yang sama macam itu.
ミンタッ ヤン サマ マチャム イトゥ
I'll have the same one as that.

禁煙席
tempat bukan perokok
トゥンパッ ブカン プロコッ
non-smoking seat

(メニューを指して)これを2つください　➡P86数字
Mintak yang ini 2.
ミンタッ ヤン イニ ドゥア
I'll have this one two, please.

会計をお願いします
Semua sekali berapa?
スムア スカリ ブラパ
Excuse me, can I have the bill please.

おいしい
Sedap.
スダッ(プ)
It's delicious.

カードは使えますか？
Boleh guna kad kredit, tak?
ボレ グナ カッ クレディッ タッ
Can I use my credit card?

現金で払います
Saya bayar wang tunai.
サヤ バヤル ワン トゥナイ
I'll pay with cash.

使える！ワードバンク　レストラン編

フォーク	**garpu**	ガルフ
スプーン	**sudu**	スドゥ
箸	**kayu penyepit**	カユ プニュピッ
皿	**pinggan**	ピンガン
お椀	**mangkuk**	マンクッ
グラス	**gelas**	グラス
カップ	**cawan**	チャワン

★「呼びかけの言葉」は相手によって使い分ける (→P11)

マレー料理
(ご飯・麺・野菜・スープ)

Makanan Melayu (Nasi, Mi, Sayur, Sup)
マカナン ムラユ ナスィ ミ サユル スッ(プ)
Malay Food (Rice, Noodle, Vegetable, Soup)

名物料理は何ですか？
Makanan apa yang terkenal di sini?
マカナン アパ ヤン トゥルクナル ディ スィニ
What food is popular here?

頼んだ料理がまだ来てません
Makanan yang saya mintak belum dapat lagi.
マカナン ヤン サヤ ミンタッ ブルム ダパッ ラギ
We're still waiting for our food.

ご飯・麺
Nasi, Mi ナスィ ミ
Rice, Noodle

主食の米は細長いインディカ米で、チャーハンに最適。麺は、小麦麺、米粉麺、細麺、太麺、平麺など種類が豊富。

数種類のおかず添えご飯
nasi campur
ナスィ チャンプル
rice with side dishes

チャンプルとは「混ぜ合わせる」の意味。ご飯にさまざまなおかずを盛り合わせ、見た目も味も賑やか。

チャーハン
nasi goreng
ナスィ ゴレン
fried rice

小魚などが入ったスパイシーなチャーハン。付け合わせはナスやインゲンなどの生野菜。

ココナッツミルクご飯
nasi lemak
ナスィ ルマッ
coconut rice

ココナッツミルクで炊いたコクのあるご飯。揚げたピーナツや小魚、ゆで卵、キュウリとともに食べる。

焼きそば
mi goreng
ミ ゴレン
fried noodle

具は牛肉、モヤシ、ニラなどで、唐辛子、ニンニクで味付け。好みで小皿のサンバル・ブラチャンとしょうゆを入れる。

ラクサ・ペナン
laksa Penang
ラクサ ペナン
Penang laksa

ラクサは地方ごとに麺の種類・太さ、スープが異なる。ラクサ・ペナンは、辛く甘酸っぱいスープで太麺。

焼きビーフン
bihun goreng
ビフン ゴレン
fried bihun

具はエビ、モヤシ、ニラなどで、唐辛子、ニンニク、豆板醤で味付け。好みで酢漬けの青唐辛子を入れる。

野菜料理・スープ
Lauk sayur, Sup ラオッ サユル スッ(プ)
Vegetable, Soup

野菜は、炒めたりスープに入れるほか、サラダにする。スープはコショウとニンニクがベースで、唐辛子は入れない。

青菜炒め
sawi goreng
サウィ ゴレン
fried leaf vegetables

青菜をニンニクと唐辛子で炒めた料理。キャベツ、ニンジン、カリフラワー、キノコなどの「野菜炒め」はsayur campur goreng（サユル チャンプル ゴレン）。

甘辛ソースのフルーツサラダ
rojak buah
ロジャッ ブア
fruits rojak

rojakは「ごちゃ混ぜ」という意味。rojak buahはパイナップル、グァバ、若いマンゴーなどの果物に唐辛子や小エビペースト入りピーナッツソースをかけたサラダ。

野菜詰め厚揚げ豆腐
tauhu sumbat
タフ スンバッ
deep-fried tofu stuffed with minced vegetables

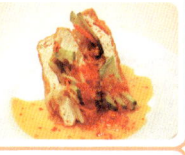

ゆでたエビ、ニンジン、モヤシ、キュウリなどを小さく切って厚揚げの中に詰めた料理。唐辛子、ピーナツ、ヤシ砂糖入りの甘辛いソースをつけて食べる。

ピリ辛空芯菜炒め
kangkung cili
カンクン チリ
fried kangkung with cili

マレーシアで最もポピュラーな料理のひとつ。生の唐辛子、エビペースト、ニンニクを使ったスパイシーでピリ辛の味付けが食欲をそそり、ご飯にも合う。

オックス・テール・スープ
sup ekor
スッ(プ) エコル
oxtail soup

焼いた牛の尻尾をひと口大に切り、コショウ、ニンニク、ナツメグなどのスパイスと共に煮こんだスープ。やわらかい肉とスパイシーでコクのあるスープは絶品。

魚のスープ
sup ikan
スッ(プ) イカン
fish soup

コショウ、ニンニク、ショウガで味付けした白身魚のスープ。切り身だけではなく、魚の頭や骨も一緒に入れて煮るので、ダシがきいておいしい。

鶏肉のスパイシースープ
soto ayam
ソト アヤム
spicy chicken soup with rice cube

コショウ、ショウガ、ニンニク、シナモンなどの香辛料のきいたスープ。ゆでた鶏肉、生のモヤシ、固めてサイコロ状に切ったご飯の上にかけて食べる。

ひとくちコラム
スパイシーなマレー料理
唐辛子、コショウ、ターメリック、クローブ、ナツメグ、タマリンド、ニンニク、レモングラスなどの香辛料やハーブをたっぷり使ったスパイシーなマレー料理。単に料理をおいしくするだけではなく、暑いマレーシアでは、食欲増進や食品の保存性を高めるためにも香辛料は欠かせない。一方、ココナッツミルクは、ご飯、おかず、スープ、デザートなどあらゆる料理に用いられ、コクとマイルドさをプラスしている。マレー料理の基本ともいえる調味料は、唐辛子ベースのサンバル・ブラチャン（→P42）。各自、辛さの好みに応じて適量を取り、ご飯、焼き魚、揚げ魚、生野菜などにそのまま付けて食べる。

マレー料理
（肉・魚料理）

**Makanan Melayu
(Lauk daging, Lauk ikan)**
マカナン　ムラユ
ラウッ　ダギン　ラウッ　イカン
Malay Food (Meat, Fish)

> これは何ですか？
> *Ini apa?*
> イニ　アパ
> What is this?

> 残ったものを包んでください ★
> *Tolong bungkus. Saya tak boleh habis.*
> トロン　ブンクス　サヤ　タッ　ボレ　ハビス
> Can you wrap it up? I can't finish it.

肉料理
Lauk daging　ラウッ　ダギン
Meat dishes

イスラム教の影響で豚肉は使わない。肉類はすべて鋭い刃物で頸動脈を切る方法で屠殺されたハラル・ミート。

鶏肉の唐揚げ
ayam goreng
アヤム　ゴレン
fried chicken

香辛料で下味を付けた鶏肉を素揚げし、クリスピーな食感の唐揚げ。衣を付けて揚げたものもある。

鶏肉のしょうゆ炒め
ayam kicap
アヤム　キチャッ（プ）
fried chicken in soy sauce

ターメリックを付けて揚げた鶏肉をニンニク、ショウガ、タマネギ、しょうゆで炒めたもの。

牛肉のトマト煮
daging masak merah
ダギン　マサッ　メラ
beef tomato stew

シナモン、ニンニク、ショウガ、唐辛子、トマトソースにひと口大の牛肉を入れて煮込んだ料理。

串焼き
sate
サテ
satay

ターメリック、コリアンダーシードなどで下味をつけた鶏肉、ヤギ肉、牛肉を串に刺して焼いたもの。

鶏肉のカレー
kari ayam
カリ　アヤム
chicken curry

鶏肉をココナッツミルク入りのカレーで煮込んだ料理。スパイシーだがマイルドな味わい。

ピリ辛の牛肉煮込み
daging lemak cili padi
ダギン　ルマッ　チリ　パディ
stewed beef in sambal sauce

牛肉を唐辛子、ニンニク、ターメリックなどの香辛料とココナッツミルクで煮込んだ料理。

★マレーシアでは、料理はほとんどの場合持ち帰ることができる。汁物、スープ、ドリンクはビニール袋に入れてくれる

魚料理

Lauk ikan ラウッ イカン
Fish dishes

海の魚はもとよりナマズやコイなどの川魚も人気。焼く、揚げるなどシンプルな料理もスパイシーな味付けでおいしさ倍増。

焼き魚
ikan bakar
イカン バカル
baked fish

魚を丸ごと炭火で焼いたもの。辛味ソースのサンバル・ブラチャンを付けて食べるのがマレー風。

魚のカレー
kari ikan
カリ イカン
fish curry

魚とオクラをカレーで煮込んだ料理。「鶏肉のカレー」よりもスパイスは少なめであっさりしている。

小魚の素揚げ
ikan bilis goreng
イカン ビリス ゴレン
fried whitebait fish

ココナッツミルクご飯やおかゆに定番のおかず。小魚はニンニクと共に揚げることもある。

魚の煮込み
gulai ikan
グライ イカン
gulai fish

魚を唐辛子、ショウガ、ターメリック、キャンドルナッツなどの香辛料で煮込んだ料理。

揚げ魚
ikan goreng
イカン ゴレン
fried fish

ターメリックで下味を付けた魚を丸ごと、もしくは切り身にして揚げたもの。

魚のチリソースがけ
ikan goreng berlada
イカン ゴレン ブルラダ
fried fish with chilli sauce

魚を丸ごと、もしくは切り身にしてカラリと揚げ、その上にチリソースをかけた一品。

---

column | マレー系のお祝い料理

pulut kuning（ブルッ クニン）はターメリックで色づけされた黄色いご飯。結婚式、誕生日、出産祝い、試験の合格祝いなどに作られる。pulut kuningのおかずは牛肉を香辛料とココナッツミルクで煮たrendang（ルンダン）や鶏肉のカレーのkari ayam（カリ アヤム）などが定番。街なかで見られる竹筒に入ったココナッツミルクご飯のlemang（ルマン）売りは、断食明け大祭の風物詩。

はじめよう / 歩こう / 食べよう / 買おう / 極めよう / 伝えよう / 日本の紹介

ニョニャ料理、中国料理、インド料理

Makanan Nyonya, Cina, India
マカナン ニョニャ チナ インディア
Nyonya, Chinese, Indian food

マレー系のほか、中国系、インド系、多数の少数民族から成るマレーシアはまさにグルメ大国。植民地時代の英国の影響も受け、各民族料理のほか、互いの料理が融合した独自料理などバラエティ豊か。

○○はありますか？
○○ *ada, tak?*
○○ アダ タッ
Do you have ○○?

ニョニャ料理

Makanan Nyonya マカナン ニョニャ
Nyonya food

「ニョニャ」は中国人とマレー人との間に生まれた女性のこと。中国料理にマレーのスパイスを使ったピリ辛な味付が特徴。

エビの甘酢ソース
asam udang
アサム ウダン
sweet sour fried prawns

エビを唐辛子、タマリンド、ニンニク、トマトなどが入ったソースと共に炒めた一品。辛さは調節できる。

鶏肉の煮込み
ayam pong teh
アヤム ポン テ
pong teh chicken

骨付き鶏肉のぶつ切りを、ジャガイモなどの野菜と共に味噌やしょうゆなどで甘辛く煮込んだもの。

ニョニャ風ラクサ
laksa nyonya
ラクサ ニョニャ
laksa nyonya

ココナッツミルク味の濃厚でピリ辛なカレーラーメン。小麦麺が一般的だが、ビーフンもある。

魚のから揚げチリソース煮
ikan goreng berkuah cili
イカン ゴレン ブルクア チリ
fried fish in chilli sauce

白身魚の唐揚げをチリソースで煮たもの。辛いのが苦手なら、イカン・ゴレン（揚げ魚）を注文しよう。

ニョニャ風オードブル
pie tee
パイ ティ
pie tee

小麦粉で作ったカップを揚げ、ダイコンの煮付、卵、エビなどを詰めた前菜。甘辛いソースをつけて食べる。

ピリ辛イカ炒め
sotong goreng berlada
ソトン ゴレン ブルラダ
fried spicy cuttlefish

ぶつ切りにしたイカを唐辛子とニンニクで炒めたもの。唐辛子のピリッとした辛さが酒の肴にもぴったり。

中国料理
Makanan Cina マカナン チナ
Chinese food

中国南部からの移民の影響で、広東料理、福建料理、海南料理、客家料理が主流だが、北京料理や四川料理も人気がある。

バクテー(肉骨茶)
bah kut teh
バ ク ッ テ
bah kut teh

豚肉好きの中国系に評判の朝食メニュー。骨付き豚肉を漢方薬でコトコト煮込んだスタミナ料理。

エビラーメン(蝦麺)
mi udang
ミ ウダン
prawn noodle

福建風エビラーメンは、エビのダシがきいたスープに細麺とエビが入り、やみつきになるおいしさ。

チキン・ライス(鶏飯)
nasi ayam
ナスィ アヤム
chicken rice

鶏スープで炊いたご飯に、ゆで鶏またはローストチキンを添えた人気の海南料理。鶏スープ付。

手羽先のロースト
kepak ayam
クパッ アヤム
chicken wing

ニンニク、ショウガ、コリアンダー、ターメリックなどの香辛料に漬け込んだ手羽先を焼いたもの。

インド料理
Makanan India, Mamak マカナン インディア ママッ
Indian food

インド南部からの移民の影響で、南部の郷土料理であるご飯とカレーの組み合わせが主流だが、ナンなどのパンもある。

レンズ豆のカレー
kari kacang dal
カリ カチャン ダル
dal beans curry

マレーシアのカレーは日本よりあっさりしている。ベジタリアンの多いインド系のだれもが食べることができる豆や野菜のカレーは、お祝い料理に欠かせない。

魚の頭入りカレー
kari kepala ikan
カリ クパラ イカン
fish head curry

魚の頭を丸ごと煮込んだココナッツミルク味のカレー。唐辛子、レモングラス、コリアンダーなどのスパイスとココナッツミルクのハーモニーが絶妙。

鶏肉の炊き込みご飯
nasi beriani
ナスィ ブリアニ
beriani rice

唐辛子、クローブ、シナモン、ショウガ、ニンニク、ヨーグルトなどの香辛料に漬け込んだ骨付き鶏肉を、米と共に炊き炊き上げた香りの高い炊き込みご飯。

ナン
roti nan
ロティ ナン
nan

発酵させた小麦粉の生地を楕円形にのばして、窯の内壁に貼り付けて焼いたパン。香ばしく、ふんわりモチモチした食感で、カレーとの相性は抜群。

デザート、菓子、ドリンク

Pencuci mulut, Kuih-muih, Minuman
プンチュチ ムルッ クイムイ ミヌマン
Dessert, Sweets, Drinks

もう1つ（1杯）ください
Mintak satu lagi.
ミンタッ サトゥ ラギ
Can I have another one?

氷は入れないでください
Jangan letak air batu.
ジャガン ルタッ アイル バトゥ
No ice, please.

デザート・菓子
Pencuci mulut, Kuih-muih　プンチュチ ムルッ クイムイ
Dessert, Sweets

ココナッツミルクとヤシ砂糖をたっぷり使った甘い餅菓子や肉まんやカレーパンなど、おいしい誘惑がいっぱい。

サツマイモのドーナツ
keria
クリア
keria

つぶしたサツマイモと小麦粉を混ぜてから、きつね色に揚げたドーナツ。ほくほくしたサツマイモの自然な甘さがヘルシー。

ミックスかき氷
air batu campur
アイル バトゥ チャンブル
mixed grated ice

air batu campurの頭文字を取ってABC、もしくはais kacang（アイス カチャン）とも呼ばれる。豆、寒天、フルーツ、トウモロコシなどが入っている。

マレーシア風ういろう
dodol
ドドル
dodol

蒸した餅米と砂糖を練ったもの。ココナッツ味やドリアン味がある。

ヤシ砂糖とココナッツミルク入り餅
kuih koci
クイ コチ
kuih koci

餅米の粉にココナッツミルクと砂糖を加え、バナナの葉で包んで蒸したもの。

緑と白の二層餅
seri muka
スリ ムカ
seri muka

ココナッツミルクの菓子。白は餅米で緑はパンダンの葉の色。

カレーパン
karipap
カリパッ（プ）
curry-puff

カレー粉で味付けした肉、ジャガイモを生地に包んで揚げたもの。

使える！ワードバンク　デザート編

竹の葉で包んだ緑餅	**lopes**	ロペス
肉まん/あんまん	**kuih pau**	クイ パウ
春巻	**popia**	ポピア
ヤシ砂糖入り蒸しパン	**putu piring**	ブトゥ ピリン
そうめん状の甘い菓子	**putu mayang**	ブトゥ マヤン
ヤシ砂糖入り緑餅	**buah melaka**	ブア ムラカ
層状のういろうのような餅	**kuih lapis**	クイ ラピス

ドリンク

Minuman ミヌマン
Drinks

トロピカルフルーツのフレッシュジュース、薬草入りドリンク剤など、マレーシア産の果物やハーブで作ったものが多い。

リュウガン(竜眼)ジュース
air mata kucing
アイル マタ クチン
dried longan juice

ライチに似た竜眼の干した実を煮た甘い飲み物。滋養強壮に効果。

バジルシードジュース
air biji selasih
アイル ビジ スラスィ
selasih seeds juice

水を含んで寒天状になった種子に甘いシロップを加えた飲み物。

サトウキビジュース
air tebu
アイル トゥブ
sugar cane juice

サトウキビを絞り水と氷を加えたジュース。自然の甘みがさわやか。

ミロ
air milo
アイル ミロ
milo

日本でもおなじみのネスレ製ココア味の麦芽飲料。マイロとも発音する。

タマリンドジュース
air asam jawa
アイル アサム ジャワ
tamarind juice

タマリンドのさやに入った甘酸っぱい果肉を入れた飲料。さわやかな酸味。

ピンクのシロップ水
air sirap bandung
アイル シラッ(プ) バンドゥン
bandung syrup

ローズ味のシロップと牛乳入りの甘い飲み物。お祝いの席でよく出される。

練乳入りコーヒー
kopi susu
コピ スス
coffee with condensed milk

コーヒーに練乳を入れた飲み物。底に沈んだ練乳をかき混ぜてから飲む。

サシ
sarsi
サシ
sarsi

コーラのようだが湿布の匂いがする。マレーシア人が大好きな清涼飲料水。

仙草ゼリー入りジュース
air cincau
アイル チンチャウ
cincau juice

シソ科の植物、仙草を煮出した黒いゼリー入り。暑気払いやのどの渇きに。

男性用ドリンク剤 ★
air tongkat ali
アイル トンカッ アリ
tongkat ali drink

tongkat aliという植物の根を煎じて入れた強壮剤。虚弱体質や肉体疲労に効果。

女性用ドリンク剤 ★
air kacip fatimah
アイル カチッ(プ) ファティマ
kacip fatimah drink

kacip fatimahという植物を煎じて入れた飲料。婦人科系疾患、産後の滋養強壮に。

ビール
bir
ビル
beer

シンガポールのタイガービールはマレーシアでも一番人気。

使える！ワードバンク　飲み物編

ミネラルウオーター	**air mineral**	アイル ミネラル
湯ざましの水	**air masak**	アイル マサッ
牛乳	**susu**	スス
コーヒー	**kopi**	コピ
紅茶	**teh**	テ
ジュース	**jus**	ジュス
ワイン	**wain**	ワイン

★男性用ハーブtongkat aliと女性用ハーブkacip fatimahは、ドリンク剤だけでなくコーヒーや紅茶などにも入っている

味付け、調理方法、味覚

Bahan perasa, cara memasak dan rasa
バハン プラサ チャラ ムサマッ ダン ラサ
Seasoning, method of cooking and taste

○○をください
Mintak ○○.
ミンタッ ○○
Can I please have some ○○.

砂糖 ★
gula
グラ
sugar

塩
garam
ガラム
salt

サンバル・プラチャン
sambal belacan
サンバル ブラチャン
prawn paste sambal

発酵させたエビペースト（ブラチャン）入り唐辛子ベースの辛味調味料。好みで料理に加える。

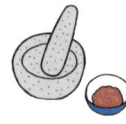

しょうゆ
kicap masin
キチャッ(プ) マシン
salty soya sauce

甘口しょうゆ
kicap manis
キチャッ(プ) マニス
sweet soya sauce

トマトケチャップ
sos tomato
ソス トマト
tomato sauce

マヨネーズ
mayones
マヨネズ
mayonnaise

油
minyak masak
ミニヤッ マサッ
cooking oil

バター
mentega
ムンテガ
butter

ココナッツミルク
santan
サンタン
coconut milk

コショウ
lada hitam
ラダ ヒタム
black pepper

酢
cuka
チュカ
vinegar

ナツメグ
buah pala
ブア パラ
nutmeg

調理方法はいかがなさいますか？
Macam mana nak masak ini?
マチャム マナ ナッ マサッ イニ
How would you like it cooked?

揚げる
goreng
ゴレン
fry

炒める
tumis
トゥミス
cook with oil first

茹でる
rebus
ルブス
boil

直火で焼く
bakar
バカル
grill

混ぜる
campur
チャンプル
mix

蒸す
kukus
ククス
steam

★マレーシアで一般的な砂糖はgula merah（グラ メラ）「ヤシ砂糖」。ヤシの樹液を固めたもので、赤茶色をしている

辛いものは食べられますか？
Boleh makan pedas, tak?
ボレ マカン プダス タッ
Can you eat hot spicy food?

はい
Boleh.
ボレ
Yes, I can.

あまり辛くしないでください
Jangan buat pedas sangat.
ジャガン ブアッ プダス サンガッ
Please don't make it too hot.

甘い **manis** マニス sweet	塩辛い **masin** マスィン salty	すっぱい **masam** マサム sour
苦い **pahit** パヒッ bitter	脂っこい **berminyak** ブルミニャッ oily	スパイシーな **berempah** ブルンパ spicy

料理の味はどうですか？
Sedap, tak rasanya?
スダッ（プ） タッ ラサニャ
Does it taste good?

苦手です
Saya tak suka.
サヤ タッ スカ
I don't like it.

辛味が足りません
Tak cukup pedas.
タッ チュクッ（プ） プダス
It's not hot enough.

甘すぎます
Manis sangat.
マニス サガッ
It's too sweet.

● バナナの調理法

揚げる

揚げバナナ
pisang goreng
ピサン ゴレン
fried banana

pisang tanduk（ピサン タンドゥッ）、pisang kepok（ピサン クポッ）などの調理用のバナナに衣を付けて天ぷらのように揚げる。

蒸す

バナナの蒸し菓子
lepat pisang
ルパッ ピサン
steamed mashed banana

pisang embun（ピサン ンブン）などのバナナをつぶし、ココナッツミルクとヤシ砂糖を加え、バナナの葉に包んで蒸す。

煮る

バナナのココナッツミルク煮
pengat pisang
プガッ ピサン
sweetened banana

pisang emas（ピサン マス）などのバナナをココナッツミルク、ヤシ砂糖、香り付けのためのパンダンの葉を入れて煮る。

★バナナには黄色や赤があり、長さ7〜45cmなど種類も豊富。生食用は濃厚で甘味が強く、調理用はイモのような感覚で加熱して食べる。葉は蒸したり焼く時に素材を包み、花も食用にする

食材を選ぼう

Jom pilih bahan masakan.
ジョム ピリ バハン マサカン
Let's choose the ingredients.

○○を100グラムください
Mintak ○○ 100 gram.
ミンタッ ○○ スラトゥス グラム
Give me 100 grams of ○○, please.

新鮮なのをお願いします
Mintak yang segar.
ミンタッ ヤン スガル
A fresh one, please.

野菜 / **sayur-sayuran** / サユルサユラン / vegetables

キャベツ / **kubis** / クビス / cabbage

ニンジン / **lobak merah** / ロバッ メラ / carrot

ニンニク / **bawang putih** / バワン プティ / garlic

トウモロコシ / **jagung** / ジャグン / corn

キャッサバの若葉 / **pucuk ubi** / プチュッ ウビ / tapioca shoot

タマネギ / **bawang besar** / バワン ブサル / onion

ナス / **terung** / テロン / eggplant

空芯菜 / **kangkung** / カンクン / water convolvulus

ジャガイモ / **ubi kentang** / ウビ クンタン / potato

唐辛子 / **lada** / ラダ / chilli

フルーツ **buah-buahan**
ブアブアハン / fruits

ドリアン **durian**
ドゥリアン / durian

マンゴー **mangga**
マンガ / mango

ランブータン★ **rambutan**
ランブタン / rambutan

ランサ★ **langsat**
ランサッ / langsat

使える！ワードバンク 〔フルーツ編〕

パパイヤ	**betik**	ブティッ
マンゴスチン	**manggis**	マンギス
ジャックフルーツ	**nangka**	ナンカ
カスタードアップル	**buah nona**	ブア ノナ
スターフルーツ	**belimbing**	ブリンビン
スイカ	**tembikai**	トゥンビカイ
ミカン	**limau manis**	リマウ マニス
グァバ	**jambu batu**	ジャンブ バトゥ

★ランブータンは直径約4cmで赤い果実には軟らかいトゲが密集し、半透明の果肉はライチに似た味。ランサは直径約4cmで淡黄色。果肉は甘酸っぱく多少の苦味がある

肉 ★
daging
ダギン
meat

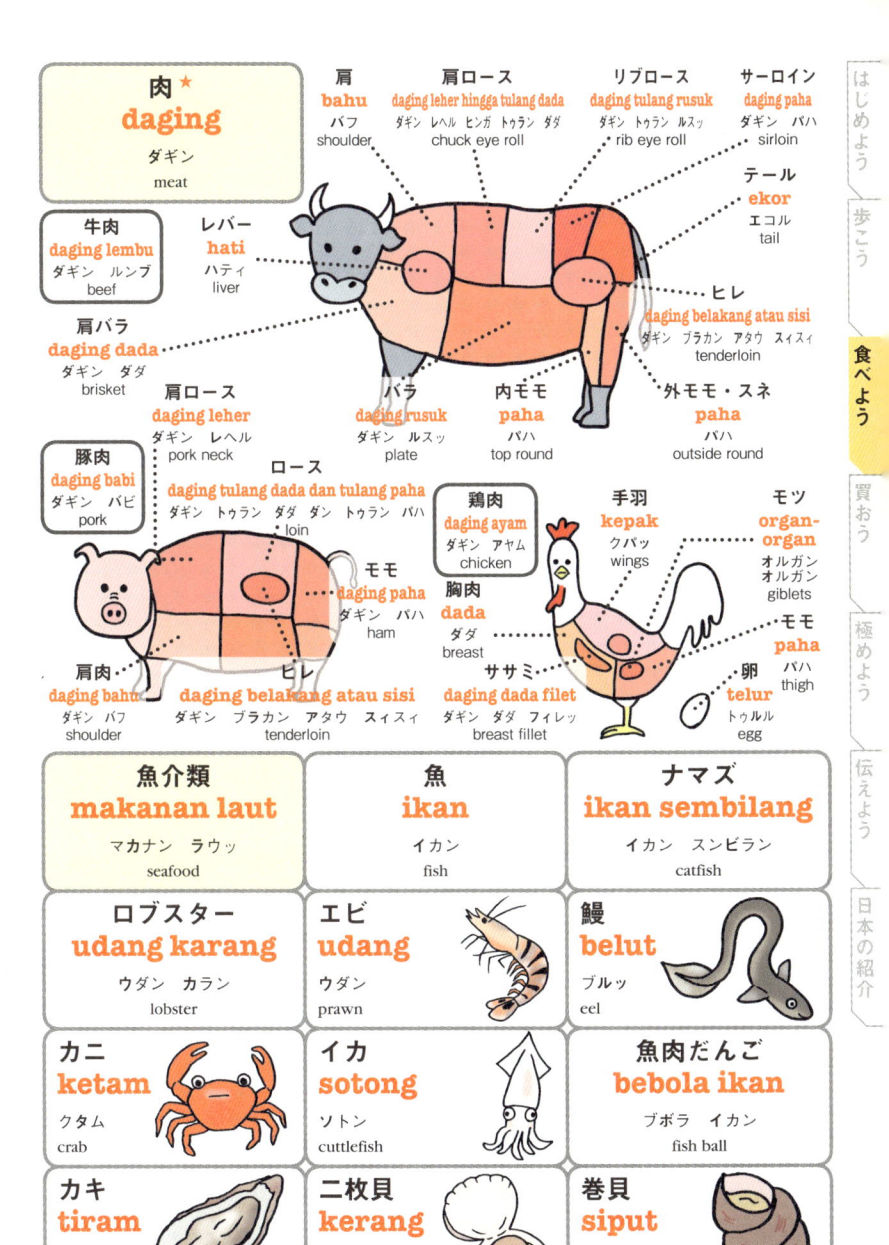

牛肉
daging lembu
ダギン ルンブ
beef

豚肉
daging babi
ダギン バビ
pork

日本語	インドネシア語	カタカナ	英語
肩	**bahu**	バフ	shoulder
肩ロース	**daging leher hingga tulang dada**	ダギン レヘル ヒンガ トゥラン ダダ	chuck eye roll
リブロース	**daging tulang rusuk**	ダギン トゥラン ルスッ	rib eye roll
サーロイン	**daging paha**	ダギン パハ	sirloin
テール	**ekor**	エコル	tail
レバー	**hati**	ハティ	liver
ヒレ	**daging belakang atau sisi**	ダギン ブラカン アタウ スィスィ	tenderloin
肩バラ	**daging dada**	ダギン ダダ	brisket
肩ロース	**daging leher**	ダギン レヘル	pork neck
バラ	**daging rusuk**	ダギン ルスッ	plate
内モモ	**paha**	パハ	top round
外モモ・スネ	**paha**	パハ	outside round
ロース	**daging tulang dada dan tulang paha**	ダギン トゥラン ダダ ダン トゥラン パハ	loin
モモ	**daging paha**	ダギン パハ	ham
肩肉	**daging bahu**	ダギン バフ	shoulder
ヒレ	**daging belakang atau sisi**	ダギン ブラカン アタウ スィスィ	tenderloin

鶏肉
daging ayam
ダギン アヤム
chicken

日本語	インドネシア語	カタカナ	英語
手羽	**kepak**	クパッ	wings
モツ	**organ-organ**	オルガン オルガン	giblets
胸肉	**dada**	ダダ	breast
ササミ	**daging dada filet**	ダギン ダダ フィレッ	breast fillet
モモ	**paha**	パハ	thigh
卵	**telur**	トゥルル	egg

魚介類
makanan laut
マカナン ラウッ
seafood

魚
ikan
イカン
fish

ナマズ
ikan sembilang
イカン スンビラン
catfish

ロブスター
udang karang
ウダン カラン
lobster

エビ
udang
ウダン
prawn

鰻
belut
ブルッ
eel

カニ
ketam
クタム
crab

イカ
sotong
ソトン
cuttlefish

魚肉だんご
bebola ikan
ブボラ イカン
fish ball

カキ
tiram
ティラム
oyster

二枚貝
kerang
クラン
clam

巻貝
siput
スィプッ
snail

★イスラム教徒は犠牲祭（→P82）に山羊や牛を寄付するが、牛は山羊に比べて高価なため、数人で費用を分担することもある。解体した山羊や牛の肉は近所や孤児院に配られる

屋台、フードコートで食べよう

Jom makan kat gerai, medan selera.
ジョム マカン カッ グライ メダン スレラ
Let's eat at the food stall, food court.

ここで食べます ★
Makan kat sini.
マカン カッ スィニ
I'll eat here.

これとこれをください
Mintak yang ini dan yang itu.
ミンタッ ヤン イニ ダン ヤン イトゥ
Give me this one and that one.

● 屋台の種類

おかゆ屋台
gerai bubur nasi
グライ ブブル ナスィ
rice porridge stall

ラーメン屋台
gerai mi sup
グライ ミ スッ(プ)
noodle soup stall

ロティ・チャナイ屋台
gerai roti canai
グライ ロティ チャナイ
roti canai stall

泡立てミルクティー屋台
gerai teh tarik
グライ テ タリッ
teh tarik stall

ココナッツジュース屋台
gerai air kelapa
グライ アイル クラパ
coconut water stall

マレー風イワシパン屋台
gerai roti sardin
グライ ロティ サルディン
roti sardine stall

ナシ・チャンプル屋台 ➡ P34
gerai nasi campur
グライ ナスィ チャンプル
nasi campur stall

串焼き屋台
gerai sate
グライ サテ
satay (steak) stall

★「持ち帰り」はBungkus bawa balik.（ブンクス バワ バリッ）

屋台料理

Makanan di gerai マカナン ディ グライ
Food at food stall

屋台はマレーシア庶民の食事処。各民族の独自料理とそれらが融合した料理は、安くておいしいお手軽な街角グルメ。

おでん
yong tau fu
ヨン タウ フ
yong bean curd

豆腐、魚のすり身、野菜などを薄味のスープで煮たおでん風の一品。麺を入れることもできる。

揚げエビ
udang goreng
ウダン ゴレン
fried prawn

エビに小麦粉をまぶしてから、カラリと揚げた一品。殻ごと食べられる素朴でシンプルな料理。

おかゆ
bubur nasi
ブブル ナスィ
rice porridge

代表的な朝食メニュー。鶏肉、シーフード、エビ、豆、ニンジン、サツマイモなどの種類がある。

魚のつくね揚げ
keropok lekor
クロポッ レコル
keropok lekor

ミンチにした魚肉に塩とサゴヤシのデンプンを加え、よく練ってから棒状にして揚げたもの。

ハンバーガー
burger
バガル
burger

大きめサイズのハンバーグとタマネギなどがはさんである。チリソースをかけて食べる。

マレー風オムライス
nasi pataya
ナスィ パタヤ
pataya rice

チャーハン（→P34）を卵焼きで包んだマレー風オムライス。サンバル・ブラチャンを付けて食べる。

スティーム・ボート
steamboat
スティムボウッ
steamboat

マレーシア風寄せ鍋。エビなどの海鮮類、肉、野菜をスープ入りの鍋に入れ、煮てから食べる。

1 ついくらですか？
Satu berapa?
サトゥ ブラパ
How much is one?

2 つください
Mintak 2.
ミンタッ ドゥア
Give me 2, please.

ひとくちコラム

B級グルメに挑戦！
屋台で食べるなら、まずは歩き回っていろいろな屋台の料理をのぞいてみよう。食べたいものが決まったら、指をさして注文する。客の食べている料理がおいしそうだったら、それを指さしてもOK。注文後は席に座って待つ。支払いは注文時、料理が出された時、食べ終わった後など様々。衛生状態に不安があれば、生ものや飲み物に入った氷は避けた方が無難。

買おう

マレーシアでイスラム教徒女性のおしゃれにクローズアップ。ばらまきみやげにおすすめな可愛いグッズも発見！

イスラムの女性は髪の毛がみえないよう、カイン・トゥドゥンというスカーフを頭に巻いています。

素肌（手足）も見せない格好

> 女らしさをかくしてしまってもったいないなーと思うのですが

これ、とってもオシャレなんです!!

お花みたいにクシュクシュ

三角ネックスカーフ風

ブローチ使って

特に若い女子たち！

それぞれ工夫した巻き方を楽しんでいる。

かわいいな〜 欲しいな〜

中華街、インド人街の露店で安く手に入れることができます。

店のお姉さんが巻き方を教えてくれた

こんなかんじ!!

さらに可愛いのはピン・トゥドゥン Pin tudung!

トゥドゥンを留めるブローチ
小さいタイプ
大きいタイプ

これもトゥドゥンファッションのポイント!

首に小さいの
肩に大きいの

これらも露店で買える 目移りしそうなほどいろいろ!

もちろんイスラム教徒ではない私が、日常頭に巻くわけにはいきませんが

アイデア次第で使い道ありそう

こういう買物も異国ならでは。

はじめよう / 歩こう / 食べよう / 買おう / 極めよう / 伝えよう / 日本の紹介

お店を探そう

Jom tengok kedai!
ジョム テゴッ クダイ
Looking around for stores.

○○はどこで買えますか？
○○ boleh beli kat mana?
○○ ボレ ブリ カッ マナ
Where can I buy ○○?

特産品 →P61
barang istimewa buatan sini.
バラン イスティメワ ブアタン スィニ
local products

行き方を教えてください
Tolong tunjukkan jalan nak ke sana.
トロン トゥンジュッカン ジャラン ナック サナ
Can you tell me how to get there?

おみやげ
cenderamata
チュンドラマタ
souvenir

円をリンギットに両替してください
Saya nak tukar yen dengan ringgit.
サヤ ナッ トゥカル イェン ドゥガン リンギッ
I want to change yen to ringgit.

トラベラーズチェック
cek kembara
チェッ クンバラ
traveller's cheque

小銭を入れてください
Nak tukar wang syiling boleh, tak?
ナッ トゥカル ワン スィリン ボレ タッ
I need some small change.

10リンギット紙幣
wang kertas 10 ringgit
ワン クルタス スプル リンギッ
A 10 ringgit note

円のレートを教えてください
Nilai yen berapa?
ニライ イェン ブラパ
What is the exchange rate for yen?

ひとくちコラム
レートについて
店によってレートが違うが、空港や街なかの銀行、ホテルよりもショッピングセンター内の両替所が概しておトク。

ショッピングセンター
pusat membeli-belah
プサッ ムンブリブラ
shopping centre

免税店
kedai bebas cukai
クダイ ベバス チュカイ
duty-free shop

銀行 ★
bank
バン
bank

スーパーマーケット
pasar raya
パサル ラヤ
supermarket

★「両替所」はpengurup wang（プングルッ(プ) ワン）

何かお探しですか？
Cari apa?
チャリ アパ
What are you looking for?

ひとくちコラム
コンビニエンスストア
日本のコンビニエンスストアと品ぞろえはほぼ同じだが、日本では定番の弁当や惣菜はほとんどない。パンやサンドイッチなどは置いてある。

○○を探しています
Saya cari ○○.
サヤ チャリ ○○
I'm looking for a ○○.

まずは見せてください
Biar saya tengok dulu.
ビアル サヤ テゴッ ドゥル
Let me have a look first.

これはいくらですか？
Yang ini berapa?
ヤン イニ ブラパ
How much is this one?

○○リンギット○センです
○○ ringgit ○○ sen.
○○ リンギッ ○○ セン
○○ ringgit ○○ cents.

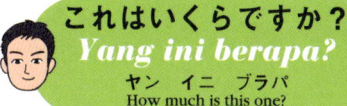

少し考えさせてください
Biar saya fikir dulu.
ビアル サヤ フィキル ドゥル
Let me think first.

これにします
Saya ambil yang ini.
サヤ アンビル ヤン イニ
I'll take this one.

これはいりません
Yang ini tak mahu.
ヤン イニ タッ マウ
I don't want this one.

使える！ワードバンク 〈店の種類編〉

洋服店	kedai baju	クダイ バジュ
CDショップ	kedai CD	クダイ スィディ
日用品店	kedai runcit	クダイ ルンチッ
仕立て店	kedai jahit	クダイ ジャヒッ
靴屋	kedai kasut	クダイ カスッ
貴金属店	kedai emas	クダイ ンマス
写真店	kedai gambar	クダイ ガンバル
インターネットカフェ	internet cafe	インテネッ カフェ
家具店	kedai perabot	クダイ ブラボッ
食料品店	pasar mini	パサル ミニ
市場	pasar	パサル
行商人	penjaja	プンジャジャ

みやげ物店
kedai cenderamata
クダイ チュンドラマタ
gift shop

薬局
kedai ubat
クダイ ウバッ
pharmacy

書店
kedai buku
クダイ ブク
bookshop

美容院
salon kecantikan
サロン クチャンティカン
beauty salon

好きな色、柄、素材を探そう

Jom pilih warna, corak dan bahan.
ジョム ピリ ワルナ チョラッ ダン バハン
Let's look for our favourite colour, pattern and material.

○○色はありますか?
Ada, tak warna ○○?
アダ タッ ワルナ ○○
Do you have ○○ colour?

あります
Ada.
アダ
Yes, we do.

ありません
Tak ada.
タッ アダ
No, we don't.

ほかの○○を見せてください
Boleh tengok ○○ yang lain?
ボレ テゴッ ○○ ヤン ライン
Can you show me another ○○?

品切れです
Sudah habis dijual.
スダ ハビス ディジュアル
Sold out.

気に入りました
Saya suka yang ini.
サヤ スカ ヤン イニ
I like this one.

明るい色
warna terang
ワルナ トゥラン
bright colour

暗い色
warna gelap
ワルナ グラッ(プ)
dark colour

濃い色
warna tua
ワルナ トゥア
dark colour

淡い色
warna muda
ワルナ ムダ
light colour

カラフル
berwarna-warni
ブルワルナワルニ
colourful

サイズ
saiz
サイズ
size

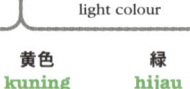

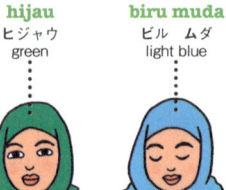

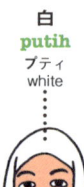

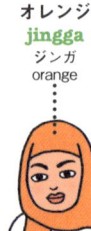

赤 **merah** メラ red	黄色 **kuning** クニン yellow	緑 **hijau** ヒジャウ green	水色 **biru muda** ビル ムダ light blue	白 **putih** プティ white	オレンジ **jingga** ジンガ orange

茶色 **coklat** チョクラッ brown	青 **biru** ビル blue	ピンク **merah jambu** メラ ジャンブ pink	黒 **hitam** ヒタム black	紫 **ungu** ウグ purple	グレー **kelabu** クラブ gray

素材は何ですか?
Dibuat daripada apa?
ディブアッ ダリパダ アパ
What is it made from?

木綿です
Daripada kain kapas.
ダリパダ カイン カパス
It is made from cotton.

シルクでできたものはありますか?
Ada, tak yang dibuat daripada sutera?
アダ タッ ヤン ディブアッ ダリパダ ストゥラ
Do you have this in silk?

麻 **jut** ジュッ jute	ウール **benang bulu** ブナン ブル wool	ナイロン **nilon** ニロン nylon	ポリエステル **poliester** ポリエストゥル polyester
ビニール **plastik** プラスティッ plastic	革 **kulit** クリッ leather	バティック★ **batik** バティッ batik	合成皮革 **kulit tiruan** クリッ ティルアン synthetic leather

ほかの柄はありますか?
Ada, tak corak lain?
アダ タッ チョラッ ライン
Have you got any other pattern?

ひとくちコラム
オーダーメイドに挑戦しよう!
滞在期間に余裕があれば、素材も製作費も格安なオーダーメイドがおすすめ。バティックの民族衣装と共布のバック、サンダルを作れば、全身コーディネートも可能だ。

無地 **tak bercorak** タッ ブルチョラッ plain	チェック **kotak-kotak** コタッコタッ checked	水玉 **bintik-bintik** ビンティッビンティッ dotted
花柄 **bunga-bunga** ブガブガ floral patterned	ストライプ **jalur menegak** ジャルル ムヌガッ vertical stripes	ボーダー **jalur melintang** ジャルル ムリンタン lateral stripes
レース **berenda** ブレンダ laced		
刺繍 **bersulam** ブルスラム embroidery		

使える!ワードバンク ファッション編

手製の	**buatan tangan**	ブアタン タガン
既製の	**pakaian sudah siap**	パカイアン スダ スィアッ(プ)
オーダーメイドの	**pakaian tempah**	パカイアン トゥンパ
カジュアルな	**pakaian biasa**	パカイアン ビアサ
フォーマルな	**pakaian rasmi**	パカイアン ラスミ
最新の	**pakaian moden**	パカイアン モダン
伝統的な	**pakaian tradisional**	パカイアン トラディショナル

★バティックはP61を参照のこと

欲しいサイズ、アイテムを伝えよう

Cakaplah nak saiz, barang yang macam mana.
チャカッ(プ) ラ ナッ サイズ バラン ヤン マチャム マナ
Tell them the exact size and item that you want.

試着してもいいですか？
Boleh cuba, tak?
ボレ チュバ タッ
Can I try it on?

はい。どうぞこちらへ
Boleh. Sila datang ke mari.
ボレ スィラ ダタン ク マリ
Yes. Over here, please.

ぴったりです
Saiz ini, OK.
サイズ イニ オゥケイ
It fits well.

もっと○○なものはありますか？
Ada, tak yang lebih ○○?
アダ タッ ヤン ルビ ○○
Do you have a ○○ one?

大きい besar ブサル big	**小さい** kecil クチル small	**長い** panjang パンジャン long	**短い** pendek ペンデッ short
ゆるい longgar ロンガル loose	**きつい** ketat クタッ tight	**長袖** ★ lengan panjang ルガン パンジャン long-sleeved	

- ワイシャツ / **kemeja** / クメジャ / shirt
- ジャケット / **jaket** / ジャケッ / jacket
- Tシャツ / **T-shirt** / ティ シュッ / T-shirt
- ネクタイ / **tali leher** / タリ レヘル / necktie
- パンツ（下着）/ **seluar dalam** / スルアル ダラム / underpants
- アンダーシャツ / **baju panas** / バジュ パナス / singlet
- 靴下 / **stoking** / ストッキン / socks
- ビーチサンダル / **selipar Jepun** / スリッパ ジュプン / beach sandals
- ズボン / **seluar panjang** / スルアル パンジャン / trousers
- 靴 / **kasut** / カスッ / shoes

★「半袖」はlengan pendek（ルガン ペンデッ）

●アクセサリー

- 指輪 **cincin** チンチン ring
- ピアス **anting-anting** アンティンアンティン earrings
- ネックレス **rantai** ランタイ necklace
- バレッタ **sepit rambut** スピッ ランブッ hair-grip
- ブレスレット **gelang** グラン bracelet

使える！ワードバンク　アイテム編

金	emas	ンマス
銀	perak	ペラッ
サングラス	cermin mata hitam	チュルミン マタ ヒタム
財布	dompet	ドンペッ
腕時計	jam tangan	ジャム タガン
ベルト	tali pinggang	タリ ピンガン
傘	payung	パユン

使える！ワードバンク　スタイル編

袖なし	tak berlengan	タッ ブルルガン
襟付	berkolar	ブルコラル
襟なし	tak berkolar	タッ ブルコラル
ボタン	butang	ブタン
ファスナー	kancing	カンチン
ポケット	kocek	コチェッ
丸首	leher bulat	レヘル ブラッ
Vネック	leher V	レヘル ヴィ

鏡はどこですか？
Cermin di mana?
チュルミン ディ マナ
Where is the mirror?

- 素敵 **bagus** バグス good
- 似合う **sesuai** ススアイ This suits me.
- 派手な★ **terang sangat** トゥラン サガッ too bright

- スカーフのかぶりもの **kain tudung** カイン トゥドゥン headscarf
- ワンピース **baju tegak** バジュ トゥガッ dress
- バッグ **beg tangan** ベッ タガン hand bag
- 帽子 **topi** トピ hat
- スカーフ **skarf** スカルフ scarf
- 水着 **baju renang** バジュ ルナン swimming suit
- ジーンズ **seluar jean** スルアル ジン jeans
- ブラウス **blaus** ブラウス blouse
- スカート **skirt panjang** スクッ パンジャン long skirt
- ミュール **selipar** スリッパ mule

★「地味な」はtak menarik（タッ ムナリッ）

ショッピングセンターへ行こう

Jom pergi ke pusat membeli-belah.
ジョム プルギ ク プサッ ムンブリブラ
Let's go to the shopping centre.

○○売り場は何階ですか？
Tempat jual ○○ di tingkat berapa?
トゥンパッ ジュアル ○○ ディ ティンカッ ブラパ
On what floor can I find ○○?

○階です ➡P86数字
Tingkat ○.
ティンカッ
The ○ floor.

クレジットカードは使えますか？
Boleh guna kad kredit?
ボレ グナ カッ クレディッ
Can I use my credit card?

使えます
Boleh.
ボレ
Yes, you can.

使えません
Tak boleh.
タッ ボレ
No, you can't.

現金	領収書
wang tunai	**resit**
ワン トゥナイ	レシッ
cash	receipt

サイン	おつり	ビニール袋
tanda tangan	**wang baki**	**beg plastik**
タンダ タガン	ワン バキ	ベッ プラスティッ
signature	change	plastic bag

定価	セール	割引
harga tetap	**jualan murah**	**potongan**
ハルガ トゥタッ(プ)	ジュアラン ムラ	ポトガン
fixed price	sales	discount

ひとくちコラム
バーゲンセールの時期
学校が長期休暇になる7〜8月にマレーシア全土で1ヵ月以上開催されるバーゲンセールがメガ・セール・カーニバル。ブランド店も含めてセールになるので見逃せない。年末年始、中国正月、断食明けにも小規模なセールがある。

品物	見本
barang	**sampel**
バラン	サンペル
goods	sample

使える！ワードバンク 店のジャンル編

台所用品	**alat-alat dapur**	アラッアラッ ダプル
文房具	**alat tulis**	アラッ トゥリス
本	**buku**	ブク
アクセサリー	**aksesori**	アクセソリ
インテリア	**interior**	インテリオル
ブランド品	**barang jenama baik**	バラン ジュナマ バイッ

使える！ワードバンク コスメ編

香水	**minyak wangi**	ミニャッ ワンギ
口紅	**gincu**	ギンチュ
マニキュア	**alat rias kuku**	アラッ リアス ククゥ
化粧水	**penyegar**	プニュガル
乳液	**pelembap**	プルンバッ(プ)
日焼け止めクリーム	**krim pelindung cahaya matahari**	クリム プリンドゥン チャハヤ マタハリ

買おう

スポーツ用品
alat-alat sukan
アラッアラッ スカン
sports goods

家電用品
alat elektrik kelengkapan rumah
アラッ エレクトリック クルンカパン ルマ
electrical goods

フードコート
pusat makan
プサッ マカン
food court

紳士服
pakaian lelaki
パカイアン ルラキ
men's ware

子供服
pakaian kanak-kanak
パカイアン カナッカナッ
children's ware

3階
tingkat dua
ティンカッ ドゥア
second floor

婦人服
pakaian wanita
パカイアン ワニタ
ladies' ware

化粧品
alat kosmetik
アラッ コスメティッ
cosmetics

2階
tingkat satu
ティンカッ サトゥ
first floor

男子トイレ
tandas lelaki
タンダス ルラキ
men's toilet

女子トイレ
tandas wanita
タンダス ワニタ
ladies' toilet

1階
tingkat bawah
ティンカッ バワ
ground floor

食品売り場
tempat jual makanan
トゥンパッ ジュアル マカナン
food corner

エレベーター
lif
リフ
lift

地下1階
tingkat satu bawah tanah
ティンカッ サトゥ バワ タナ
first basement level

階段
tangga
タンガ
stairs

案内所
tempat panduan pelancong
トゥンパッ パンドゥアン プランチョン
information desk

エスカレーター
eskalator
エスカラトル
escalator

駐車場
tempat letak kereta
トゥンパッ ルタッ クレタ
parking place

★マレーシアは英国式に1階をグランドフロア、2階を1階、3階を2階という

スーパーマーケットへ行こう
Jom pergi pasar raya.
ジョム プルギ パサル ラヤ
Let's go to the supermarket.

○○はどこにありますか？
○○ ada kat mana?
○○ アダ カッ マナ
Where can I find ○○?

こちらにあります
Ada kat sini.
アダ カッ スィニ
You can find them here.

ありません
Tak ada kat sini.
タッ アダ カッ スィニ
No, we don't have it here.

どのくらいもちますか？
Boleh tahan berapa lama?
ボレ タハン ブラパ ラマ
How long will it last?

○日くらいです
Lebih kurang ○ hari.
ルビ クラン ○ ハリ
About ○ days.

● スーパーマーケットの店内

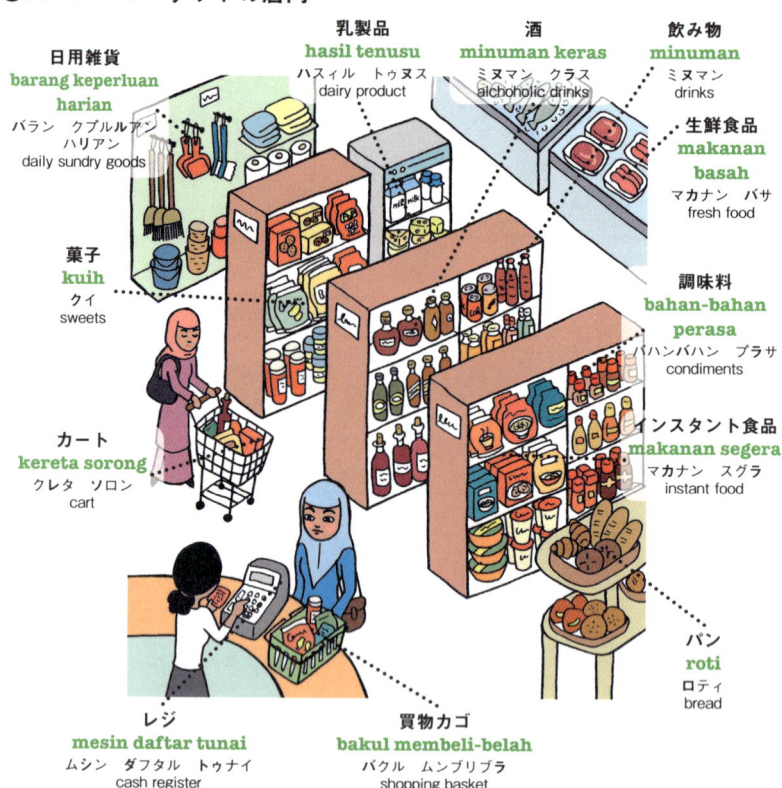

日用雑貨
barang keperluan harian
バラン クプルルアン ハリアン
daily sundry goods

乳製品
hasil tenusu
ハスィル トゥヌス
dairy product

酒
minuman keras
ミヌマン クラス
alchoholic drinks

飲み物
minuman
ミヌマン
drinks

生鮮食品
makanan basah
マカナン バサ
fresh food

菓子
kuih
クイ
sweets

調味料
bahan-bahan perasa
バハンバハン プラサ
condiments

カート
kereta sorong
クレタ ソロン
cart

インスタント食品
makanan segera
マカナン スグラ
instant food

パン
roti
ロティ
bread

レジ
mesin daftar tunai
ムシン ダフタル トゥナイ
cash register

買物カゴ
bakul membeli-belah
バクル ムンブリブラ
shopping basket

歯ブラシ
berus gigi
ブルス　ギギ
tooth brush

歯みがき粉
ubat gigi
ウバッ　ギギ
tooth paste

ティッシュペーパー
kertas tisu
クルタス　ティス
tissue paper

トイレットペーパー
kertas tandas
クルタス　タンダス
toilet paper

石けん
sabun
サブン
soap

カミソリ★
pisau cukur
ピソゥ　チュクル
razor

電池
bateri
バトゥリ
battery

ノート
buku nota
ブク　ノタ
note book

ボールペン
pena mata bulat
ペナ　マタ　ブラッ
ball point pen

爪切り
ketip kuku
クティッ(プ)　クク
nail clipper

封筒
sampul surat
サンプル　スラッ
envelope

絵ハガキ
poskad bergambar
ポスカッ　ブルガンバル
picture postcard

タオル
tuala
トゥアラ
towel

生理用品
tuala wanita
トゥアラ　ワニタ
sanitary towel

洗濯用洗剤
sabun pencuci
サブン　プンチュチ
detergent

ボーティー
Teh Boh
テ　ボ
Boh Tea
キャメロンハイランド産の最高級茶葉を使用した紅茶の銘柄。

スリカヤジャム
seri kaya
スリ　カヤ
seri kaya jam
ココナッツの甘い香りと濃厚な味わいが人気のカスタードジャム。

ひとくちコラム
ハラルマーク
イスラム教が許しているものはhalal（ハラル）、禁じているものはharam（ハラム）といい、haramには豚肉やハム、ラードなどの豚肉の加工品、酒がある。食品のhalalマークは、イスラム教徒が安心して口にできるという意味で、お菓子や調味料はもとより、紅茶やジュースにも付いている（→P132）。

ドライフルーツ
buah-buahan kering
ブアブアハン　クリン
dried fruits

賞味期限
tempoh tarikh guna
テンポ　タリ　グナ
expiration date

使える！ワードバンク　日用品編

シャンプー	syampu	シャンプ
タバコ	rokok	ロコッ
ライター	pemetik api	プムティッ　アピ
あめ	gula-gula	グラグラ
ガム	gula getah	グラ　グタ
新聞	surat khabar	スラッカバル
雑誌	majalah	マジャラ

★ひげそりとカミソリは同じ単語

市場へ行こう
Jom pergi pasar!
ジョム プルギ パサル
Let's go to the market.

安くなりませんか？
Boleh kurang, tak?
ボレ クラン タッ
Can you give me a discount?

それでは○○リンギットでどうですか？
○○ringgit, bagaimana?
○○ リンギッ バガイマナ
How about ○○ringgit?

まだ高いですね
Masih mahal tu.
マスィ マハル トゥ
It is still expensive.

いいですよ。買います
Baiklah. Saya ambil.
バイッラ サヤ アンビル
OK. I'll take it.

衣料品 — **pakaian** — パカイアン — clothings

雑貨 — **barang-barang runcit** — バランバラン ルンチッ — sundry goods

手工芸品 — **hasil kraf tangan** — ハシル クラフ タガン — handcraft products

スパイス — **rempah** — ルンパ — spices

肉 — **daging** — ダギン — meat

魚 — **ikan** — イカン — fish

果物 — **buah-buahan** — ブアブアハン — fruits

野菜 — **sayur-sayuran** — サユルサユラン — vegetables

試食はできますか？
Boleh cuba, tak?
ボレ チュバ タッ
Can I try it?

ひとくちコラム
まとめ買いがおトク！
値札のない市場では価格交渉が基本。売り手の言い値が高ければ、買い手は希望の値段を提示し、最終的に双方が妥協できる金額で交渉が成立。希望の金額まで値切ることができなければ、まとめ買いをして単価を下げるようにするといい。

2つ買ったら安くなりますか？
Kalau beli 2 boleh kurang, tak?
カロウ ブリ ドゥア ボレ クラン タッ
If I take 2, can I get it cheaper?

1個 / **1 biji**
サトゥ ビジ
1

1キロ / **1 kilo**
サトゥ キロ
1 kilogram

100グラム / **100 gram**
スラトゥス グラム
100 gram

1パック / **1 paket**
サトゥ パケッ
1 packet

バティック / **batik**
バティッ
batik

ろうけつ染めの更紗で色や柄もさまざま。衣類やインテリアグッズのほか、雑貨や小物類はおみやげにも最適。

スズ製品 / **piuter**
ピュテル
pewter

スズと他金属の合金で、さびにくく重量感がある。テーブルウエアや台所用品からアクセサリーまで種類も豊富。

ソンケット / **songket**
ソンケッ
songket

絹糸をベースに、金糸・銀糸で模様を織り込んだ豪華でカラフルな織物。

金製品 / **barang kemas**
バラン クマス
gold jewellery

マレーシアでは22金が普通。純度の高いアクセサリーが安く購入できる。

籐製品 / **kraf tangan rotan**
クラフ タガン ロタン
rattan handcraft

バッグや帽子、小物入れやコースターなどの雑貨は種類や大きさもさまざま。

陶器 / **tembikar**
トゥンビカル
ceramic

サラワクの幾何学模様、ジョホールのバティックや金糸を用いたものが有名。

竹製品 / **kraf tangan buluh**
クラフ タガン ブル
bamboo handcraft

インテリア用品や工芸品のほか、バスケットなどの日用品も人気が高い。

木彫品 / **ukiran kayu**
ウキラン カユ
wood carving

動物や植物をモチーフにした木彫りの産地は、クランタン、トレンガヌが有名。

極めよう

マレーバクや奇妙な形の昆虫、色鮮やかな熱帯植物や食虫植物など豊かなマレーシアの自然にふれよう。

自然が豊かなマレーシア。
マレー半島やボルネオ島独特の
動植物がたくさん。

マレーバク

面白い姿のサル
スローロリス

国立公園でネイチャー・ウォッチングなど楽しそうですね

動物園などでもいくつかは
見ることができる。

不思議な姿の昆虫

奇妙な植物

マレーシアの
自然には
驚かされます。

＼わー／

自然が豊かだということは街中でも感じられます。

ん?

ランブータン!!
まだ青い

道を歩けばトロピカルフルーツに当たる!!

スターフルーツ!

マンゴスチン!

食べ放題?!

日本からの旅行者としてはビックリです。

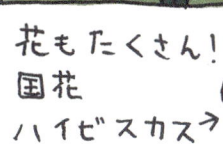

花もたくさん!
国花
ハイビスカス→

空港、街中のみやげ物店に必ずあるのが昆虫キーホルダー!!

これを見るのも楽しい‥‥

はじめよう / 歩こう / 食べよう / 買おう / 極めよう / 伝えよう / 日本の紹介

ジャングルの動植物を知ろう
Kenalilah haiwan dan tumbuhan hutan rimba.
クナリラ　ハイワン　ダン
トゥンブハン　ウタン　リンバ
Get to know animals and plants found in the jungle.

あの動物は何ですか？
Binatang apa itu?
ビナタン　アパ　イトゥ
What is that animal?

さわっても大丈夫ですか？
Pegang, tak apa?
ブガン　タッ　アパ
Is it all right if I touch it?

サイチョウ
burung enggang
ブルン　ンガン
hornbill

クチバシの上にある大きな突起が特徴。低地の森や沼地に住み、果実や虫を食べる雑食で、鳴き声は大きい。

テナガザル
ungka
ウンカ
gibbon

長い腕で高い木の枝をわたって移動する。カップルのオスとメスが交互に叫び合って歌うことで有名。

ヨナグニサン
ngengat atlas
ングンガッ　アトラス
atlas moth

羽を開くと左右30cmにもなる世界最大の蛾で、前はね先端の模様はヘビの頭に似せているといわれている。

シルバー・リーフ・モンキー
lotong kikok
ロトン　キコッ
silver leaf monkey

体毛は銀灰色で、ツンと立った頭の毛が特徴。警戒心が強く、高い木の上を移動し、若芽や果実などを食べる。

コノハムシ
serangga daun
スランガ　ダウン
leaf insect

メスの腹部や足は平たくて葉脈のようなすじがあり木の葉の形にそっくり。オスはメスより葉に似ていない。

ボルネオゾウ
gajah borneo
ガジャ　ボルネオ
borneo elephant

体高2.5mでアジアゾウより小柄。警戒心が強いためほとんど姿を現わさない。絶滅の危機に瀕している。

イリエワニ
buaya muara
ブアヤ　ムアラ
estuarine crocodile

河川や湖沼などに生息する。全長7m、体重1tに達する巨大なものもいる。肉は淡白で食用になる。

植物 **tumbuhan** トゥンブハン plant	鳥 **burung** ブルン bird		
昆虫 **serangga** スランガ insect	花 **bunga** ブガ flower		

ひとくちコラム
ジャングル探検に挑戦

クランタンのタマン・ヌガラ、サバのキナバルやダヌム・バレー、サラワクのムル、ニア、バコなどの国立公園をはじめとして、主にサバ、サラワクでジャングル・トレッキングが楽しめる。蚊やヒルなどの虫よけ対策や植物のトゲなどから肌を守るために長袖長ズボンを着用し、道に迷わないようにガイドを伴って行動しよう。熱帯の強い日差しをさえぎるための帽子や、突然の雨に備えて雨ガッパなども用意しておくといい。

オオコウモリ
keluang
クルアン
fruit bat / flying fox

翼を広げると2mに達する大型のものもいる。グヌン・ムル国立公園の洞窟群などで見られる。

カワセミ
burung raja udang
ブルン ラジャ ウダン
kingfisher

大型のスティック・ビルテッド・キングフィッシャーや小型のチェストナット・コラレッド・キングフィッシャーなど多種多様。

オラン・ウータン
orang hutan
オラン ウタン
orangutan

マレー語で「森の人」という意味で、ボルネオ島(サバ、サラワク)とインドネシアのスマトラ島にのみ生息。

ラフレシア
bunga pakma
ブガ パッマ
rafflesia

世界最大の花。直径30cmから1mになるものもある。標高300〜1300mの山岳地帯に生育。

テングザル
bangkatan
バンカタン
proboscis monkey

天狗のように垂れ下がった巨大な鼻が特徴で、ボルネオ島のマングローブの森や沼地などの木々を飛び回る。

アカエリトリバネアゲハ
kupu-kupu rajah
クプクプ ラジャ
troides brookiana

マレーシアの国蝶。英語名は19世紀にボルネオ国王(ラジャ)であったイギリス人、ブルックから命名。

ウツボカズラ
periuk monyet
プリウッ モニェッ
monkey cup

葉の先端にぶら下がった袋に落ちた虫を消化し、栄養とする食虫植物。3.5ℓの水が入る巨大な袋を持つものも。

トタテグモ
labah-labah pintu kolong
ラバラバ ピントゥ コロン
trapdoor spider

「戸立て蜘蛛」は地面に巣穴を掘り、その入口に扉のような蓋をつけることから命名された原始的なクモ。

★ジャングル探索は国立公園や自然公園で体験できる。詳しくはP16の地図を参照のこと

魚に ふれよう
Nikmatilah ikan-ikan Malaysia.
ニクマティラ イカンイカン マレイスィア
Enjoy watching fishes in Malaysia.

◯◯はどこで見られますか？
Boleh tengok ◯◯ kat mana?
ボレ テゴッ ◯◯ カッ マナ
Where can I see ◯◯?

ダイビングの機材はレンタルできますか？
Boleh sewa alat kelengkapan selam skuba?
ボレ セワ アラッ クルンカパン スラム スクバ
Can I rent scuba diving equipment?

オニイトマキエイ
ikan pari
イカン パリ
manta ray

体盤幅（横幅）は3〜5mで魚類では最大級。大きな胸びれを羽ばたくように動かし、プランクトンを食べる。

アオウミガメ
penyu laut hijau
プニュ ラウッ ヒジャウ
green sea turtle

大型のものには、甲らの直径1m、体重200kgに達するものもいる。1回の産卵で40〜190個の卵を産む。

メガネモチノウオ
（ナポレオンフィッシュ）
ikan Napoleon
イカン ナポレオン
humphead wrasse

体長2mに達するベラ科の最大種。成魚の頭にはコブがあり、厚い唇と大きな口の巨体が悠然と泳ぐ姿は迫力がある。

オトヒメエビ
udang berjalur-jalur
ウダン ブルジャルルジャルル
banded coral shrimp

体長5cmで赤と白のコントラストが美しいエビ。ウツボなど大型魚の体表の寄生虫などを食べて共生する。

オニカサゴ
raggy-scorpionfish
ラギースコルピオンフィッシュ
raggy scorpionfish

体の保護色と擬態を利用し、海底でじっと待って近くを泳ぐ甲殻類や小魚を捕らえる。トゲには猛毒がある。

クマノミ
ikan badut
イカン バドゥッ
clownfish

体長約15cmでオレンジ色に白い横縞模様が特徴。イソギンチャクと共生するという独特の生態をもつ。

機材込みでいくらですか？

Berapa sewanya termasuk alat kelengkapan selam skuba?

ブラパ セワニャ トゥルマスッ アラッ
クルンカパン スラム スクバ

How much is the rental fee including scuba diving equipment?

使える！ワードバンク　ダイビングスポット編

シパダン島	**Pulau Sipadan**	プロゥ スィパダン
ラヤン・ラヤン島	**Pulau Layang-layang**	プロゥ ラヤンラヤン
ランカウイ・パヤ島	**Pulau Payar, Langkawi**	プロゥ パヤル ランカウイ
ブルヘンティアン島	**Pulau Perhentian**	プロゥ プルフンティアン
レダン島	**Pulau Redang**	プロゥ レダン
ティオマン島	**Pulau Tioman**	プロゥ ティオマン

オオカマス
kucul
クチュル
sawtooth barracuda

全長約1m。体型は細長く口は細くとがり、背が青灰色で腹部は銀白色。渦巻状の大群で泳ぐさまは壮観。

ツノダシ
moorish idol
ムリッシュ アイドル
moorish idol

浅い珊瑚群落や岩礁域に生息。体色は白黄色に黒の太い2本の縦縞模様。背ビレが長く伸びているのが特徴。

カンムリブダイ
humphead parrotfish
ハンプヘッ パロッフィッシュ
humphead parrotfish

体長約1mで頭頂部のこぶが特徴。群れをなして、珊瑚を食べながら糞をまき散らして泳ぎ回る様子は圧巻。

タテジマキンチャクダイ
ikan angel
イカン アンジェル
emperor angelfish

黄色と青色の横縞模様が特徴。縄張り意識が強く単独で行動し、海綿などの付着生物や藻類を食べる雑食性。

ミノカサゴ
ikan skorpion
イカン スコルピオン
luna lionfish

幸の岩礁域に生息。単独で動し、小型の魚類やエビなを食べる。姿は美しいが、針には注意。

ネムリブカ
whitetip reef shark
ホワイッティッ リーフ シャーク
whitetip reef shark

沿岸の浅瀬の珊瑚礁や水深300mの深海にも出現。体長約2mの夜行性で昼間は岩陰や洞窟に身を潜めている。

ハリセンボン
ikan buntal duren
イカン ブントゥル ドゥレン
porcupine fish

体表に多数のトゲがあり、外敵から身を守るために体を膨らませるとイガグリのようになる。体長約40cm。

ムチヤギ
sea whips
スィ ホイップス
sea whips

約2mのムチのような形状のサンゴの仲間。魚の格好のすみかで、リーフのスロープや切り立った岩壁に群生。

★ダイビング、スノーケリングの場所はP16の地図を参照のこと

スポーツと伝統競技を楽しもう

Jom tengok sukan permainan tradisional.
ジョム テンゴッ スカン プルマイナン トラディショナル
Let's enjoy sports and watch traditional games and competitions.

ゴルフの予約をしたいのですが
Saya nak buat tempahan golf.
サヤ ナッ ブアッ トゥンパハン ゴルフ
I want to make a reservation to play golf.

明日の〇〇時から2名でお願いします
Untuk dua orang, pukul 〇〇 esok.
ウントゥッ ドゥア オラン プクル 〇〇 エソッ
A reservation for two person, at 〇〇 tomorrow.

ダイビング
selam skuba
スラム スクバ
diving

シュノーケリング
snorkeling
スノクリン
snorkeling

ジャングル・トレッキング
treking hutan
トレッキン ウタン
jungle trekking

マリンスポーツ
sukan laut
スカン ラウッ
marine sports

● ゴルフ場

- グリーン / **kawasan green** / カワサン グリン / green
- ホール / **lubang** / ルバン / hole
- フラッグ / **bendera** / ブンデラ / flag
- クラブハウス / **kelab** / クラッ(ブ) / clubhouse
- バンカー / **perangkap pasir** / プランカッ(プ) パスィル / bunker
- ゴルフバッグ / **beg golf** / ベッ ゴルフ / golf bag
- ドライバー / **pukul deras** / プクル ドゥラス / driver
- ティーグラウンド / **kawasan rata untuk tee** / カワサン ラタ ウントッ ティ / teeing ground
- キャディ / **kedi** / ケディ / caddie
- フェアウエイ / **kawasan pamah** / カワサン パマ / fairway
- ゴルフカート / **troli golf** / トロリ ゴルフ / golf cart

どこで伝統競技を見られますか？
Di mana boleh tengok permainan tradisional?
ディ マナ ボレ テンゴッ ブルマイナン トラディショナル
Where can I see traditional games?

私も体験できますか？
Boleh, tak saya ikut sama bermain?
ボレ タッ サヤ イクッ サマ ブルマイン
Can I join and experience it?

ひとくちコラム
伝統競技を見学するには
手軽に見るなら、クアラルンプールのマレーシア・ツーリズム・センターやコタ・バルのクランタン・カルチュラル・センター。日程が合えば、各競技の全国大会を観戦しよう。ケンカゴマやコマの回る時間の長さを競ったり、凧揚げの高さやデザインを競うほか、ガラスの粉を付けた凧糸で相手の凧糸を切るケンカ凧もある。海岸などではセパタクローやプンチャック・シラットに興じる人々に出会うこともある。

できます
Boleh.
ボレ
Yes, you can.

いいえ。見学するだけです
Tak boleh. Boleh tengok saja.
タッ ボレ ボレ テンゴッ サジャ
No, you can't. You can watch only.

● 主な伝統競技

セパタクロー
sepak takraw
セパッ タクロ
sepak takraw

ネットをはさんで足、腿、頭を使ってボールを蹴り入れるバレーボールに似た伝統競技。

プンチャック・シラット
pencak silat
プンチャッ スィラッ
silat (Malay art of defence)

空手に似た伝統武道。格闘競技、演武、護身術、メンタルスピリチュアルの4部門がある。

凧
wau
ワウ
kite

凧揚げ競技はトレンガヌ、クランタンがさかん。凧のデザインと凧揚げの高さを競う。

こま
gasing
ガスィン
top

直径30cm、重さ5kgの巨大なこまで、回る時間を競う競技では、2時間回り続けるものも。

スパ＆エステ でリラックス

Relaks di Spa dan Salon.
レラクス ディ スパ ダン サロン
Relax at a Spa and Salon.

○○をしたいのですが
Saya nak ○○.
サヤ ナッ ○○
I want to ○○.

すぐできますか？
Sekarang boleh, tak?
スカラン ボレ タッ
Is now okay?

できます
Boleh.
ボレ
Yes, of course.

30分待ってください ➡P88時間
Boleh tunggu 30 minit, tak ?
ボレ トゥング ティガ プル ミニッ タッ
Can you wait for 30 minutes?

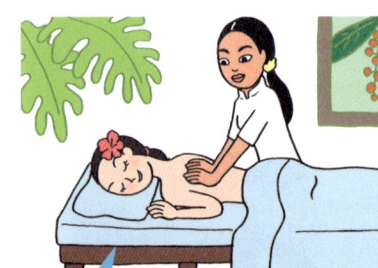

痛い
Sakit.
サキッ
That hurts.

くすぐったい
Geli.
グリ
That tickles.

気持ちいい
Rasa sedap betul.
ラサ スダッ(プ) ブトゥル
It feels good.

もっと強く
Kuat lagi.
クアッ ラギ
Harder.

そこはやめて
Jangan buat lagi di situ.
ジャガン ブアッ ラギ ディ スィトゥ
Please stop massaging that part.

もっと弱く
Lembut lagi.
ルンブッ ラギ
Softer.

肩が凝っています	首	背中
Bahu saya tegang.	**tengkuk**	**belakang**
バフ サヤ トゥガン	トゥンクッ	ブラカン
My shoulders are stiff.	neck	back

腰が痛いです	足	腕
Pinggang saya sakit.	**kaki**	**lengan**
ピンガン サヤ サキッ	カキ	ルガン
My back hurts.	leg	arm

メニューリストを見せてください
Mintak menu.
ミンタッ メニュ
Can I see the menu, please?

これをお願いします
Saya nak yang ini.
サヤ ナッ ヤン イニ
I want this one.

アロマテラピー
urut terapi aroma
ウルッ テラピ アロマ
aromatherapy massage

マレーシア独特のハーブやスパイスを使用したトリートメントもある。

ボディ・スクラブ
gosok badan
ゴソッ バダン
body scrub

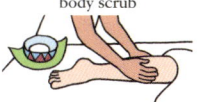

ターメリックなどの薬草ペーストを塗り、古い角質を除去。

ヒーリング・ストーン・マッサージ
urut batu perawat
ウルッ バトゥ プラワッ
healing stones massage

温めた石で血流や血行をよくしながら施術するマッサージ。

アーユル・ヴェーダ
ayur veda
アユル ヴェダ
ayur veda

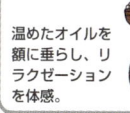

温めたオイルを額に垂らし、リラクゼーションを体感。

足ツボマッサージ
refleksologi
リフレクソロギ
reflexology

足裏を刺激して、血行を良くし、新陳代謝を促進。

ヘッド・マッサージ
urut kepala
ウルッ クパラ
head massage

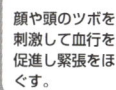

顔や頭のツボを刺激して血行を促進し緊張をほぐす。

うつぶせになってください
Sila baring meniarap.
スィラ バリン ムニアラッ(プ)
Please lie on your stomach.

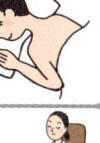

ネイルケア
terapi kuku
テラピ クク
nail therapy

横になる
baring
バリン
lie down

座る
duduk
ドゥドゥッ
sit down

起き上がる
bangun
バグン
get up

仰向け
telentang
トゥルンタン
lie on your back

使える！ワードバンク スパ・エステ編

マッサージ	**urut**	ウルッ
トリートメント	**rawatan**	ラワタン
フラワー・バス	**mandi bunga**	マンディ ブガ
パック	**masker**	マスクル
スクラブ	**lulur**	ルルル
美容室	**salon**	サロン
エステティシャン	**ahli terapi**	アリ テラピ

ひとくちコラム
高級スパとお手軽マッサージ
高級ホテル以外にも、クアラルンプールなどの都市には大型ビルやショッピングモールにスパ施設がある。リーズナブルな料金と手軽さで街のなかにある足ツボ・ボディマッサージ店は、買物や観光の合間に立ち寄ってみよう。

伝統舞踊と音楽を観賞しよう

Jom tengok tarian dan muzik tradisional.
ジョム テゴッ タリアン ダン ムジッ トラディショナル
Let's enjoy traditional dances and music.

どこで伝統舞踊を観ることができますか？
Nak tengok tarian tradisional di mana?
ナッ テゴッ タリアン トラディショナル ディ マナ
Where can I see traditional dances?

何時に始まりますか？
Mula pukul berapa?
ムラ プクル ブラパ
What time does it start?

伝統音楽
muzik tradisional
ムジッ トラディショナル
traditional music

ザッピン（ジョホール、サラワク）
zapin
ザピン
zapin

アラブの踊りの要素を取り入れ、片手を動かしてリズミカルに踊る。

エンダン（ネグリ・センビラン）
endang
エンダン
endang

インドネシア、スマトラ島ミナン族の移住により伝わった踊り。

イナン
inang
イナン
inang

男女が腕を優雅に上下にゆっくり揺らし、首を横に振りながら踊る。

ディキル・バラット（半島東海岸）
dikir barat
ディキル バラッ
dikir barat

歌い手に合わせ、踊り手が座って手をたたきながらリズムをとる。

クダ・ケパン（ジョホール）
kuda kepang
クダ ケパン
kuda kepang

平面状の人形の馬にまたがり、軽快でリズミカルに踊る馬の舞い。

ジョゲット（マラッカ）
joget
ジョゲット
joget

ポルトガル伝来の軽やかなステップ。最もポピュラーなフォークダンス。

これは何という楽器ですか？
Apa nama alat muzik ini?
アパ ナマ アラッ ムジッ イニ
What's the name of this musical instrument?

ひとくちコラム
民族舞踊・音楽を楽しむには？
観光客向けレストランでの民族舞踊ショーのほか、クアラルンプールのマレーシア・ツーリズムセンター、コタ・バルのクランタン・カルチュラル・センター、サラワク州クチン郊外のサラワク・カルチュラル・ビレッジなどで観賞できる。詳しくはマレーシア政府観光局へ。

アンクルン / angklung
アンクルン / angklung
削って調律した2本の竹筒を竹枠に吊った楽器。手で振動させる。

ゴング / gong
ゴング / gong
吊り下げ型のこぶ付きゴング。ガムランの曲の節目に鳴らす打楽器。

グンダン ★ / gendang
グンダン / gendang (Malay drum)
単独または一対で演奏される両面太鼓。ガムランでは合奏をリード。

ルバナ / rebana
ルバナ / rebana (Malay drum)
片面太鼓。ひざに乗せて両手で叩いたり、地面に置いてバチで叩く。

クロモン/ボナン / keromong / bonang
クロモン/ボナン / Javanese gong
木枠に10個の小型の平置き型こぶ付きゴングを並べたガムラン楽器。

曲 / melodi
メロディ / number

サロン / saron
サロン / metallophone
共鳴箱の上に青銅製の鍵盤を並べたガムラン楽器。旋律を演奏する。

コンパン / kompang
コンパン / tambourine
丸い木枠に皮を張った太鼓。タンバリンのように手で叩いて演奏。

ルバブ / rebab
ルバッ（ブ） / rebab
中国の二胡、日本の胡弓のような擦弦楽器。3本の弦を弓で弾く。

ガンブス / gambus
ガンブス / Arabic lute
中東の楽器ウードが原型。直角に曲がった糸倉が特徴。弦は9〜12本。

スルナイ / serunai
スルナイ / clarinet
オーボエ属の木管楽器。円錐管の表に7、裏に1の指孔がある。

スルリン / seruling
スルリン / flute
竹笛。大きさ、長さ、指孔の数は地域によって異なる。

★ガムランとは、インドネシアとマレーシアを中心に発達した伝統的な器楽合奏音楽、またはその演奏に使われる楽器の総称

映画、音楽を楽しもう

Jom tengok wayang gambar dan dengar muzik.
ジョム テゴッ ワヤン ガンバル ダン ドゥガル ムジッ
Let's go and see a movie and listen to music.

あなたの好きな歌手はだれですか？
Encik suka penyanyi mana?
ンチッ スカ プニャニ マナ
Who is your favorite singer?

○○が好きです
Saya suka ○○.
サヤ スカ ○○
I like ○○.

俳優／女優
pelakon
プラコン
actor / actress

コメディアン
pelawak
プラワッ
comedian

映画監督
pengarah filem
プガラ フィレム
movie director

P. ラムリー（故人）
Tan Sri P. Ramlee
タン スリ ピ ラムリ
Tan Sri P. Ramlee

映画や音楽など様々な分野で活躍したマレーシアの国民的スター。1957年アジア映画祭・最優秀男優賞など多くの賞を受賞。

ミシェル・ヨー
Dato' Michell Yeo
ダトゥ ミシェル ヨ
Dato' Michell Yeo

1983年のミス・マレーシアで女優。『007トゥモロー・ネバー・ダイ』でボンドガールを務めハリウッドにも活躍の場を広げる。

あなたはどんな映画が好きですか？
Encik suka wayang gambar macam mana?
ンチッ スカ ワヤン ガンバル マチャム マナ
What kind of movie do you like?

ラブストーリー
kisah cinta
キサ チンタ
romance

アニメ
kartun
カルトゥーン
animation

アクション
filem penuh aksi
フィレム プヌ アクスィ
action

コメディ
lawak jenaka
ラワッ ジュナカ
comedy

ホラー
cerita ngeri
チュリタ ングリ
horror

だれが有名ですか？
Siapa yang terkenal?
スィアパ ヤン トゥルクナル
Who is popular right now?

ひとくちコラム
キング・オブ・アーティスト

1929年にペナン島で生まれ、俳優としてスタートしたP.ラムリーは、善人、悪人、年寄り、青年役などを演じ分けて好評を博した。その後、映画監督となり、映画の主題歌の作曲をし、自らが歌うというマルチタレントぶりを発揮。1973年に44歳の若さで亡くなったが、今でもSeniman Agung Tanah Air（スニマン アグン タナ アイル）「祖国のキング・オブ・アーティスト」と呼ばれ、次世代アーティスト達にも強い影響力を与えている。

あなたはどんな音楽が好きですか？
Encik suka muzik apa?
ンチッ スカ ムジッ アパ
What kind of music do you like?

ロック / rok
ロッ
rock

ジャズ / jazz
ジャズ
jazz

クラシック / klasik
クラシッ
classical

ポップス / pop
ポッ(プ)
pop

○○のCDはありますか？
Ada, tak CD ○○?
アダ タッ スィーディー ○○？
Do you have ○○'s CD?

DVD / DVD
ディーヴィーディー
DVD

シティ・ヌルハリザ / Siti Nurhaliza
スィティ ヌルハリザ
Siti Nurhaliza

マレーシアン・ポップスの女王で、国外でも有名なトップシンガー。

アンドレ・ゴー ★ / Andre Goh
アンドレ ゴー
Andre Goh

歌手で初めてDatuk（国王や州の王様から授与）の称号を授与された。

クンプラン・アレイキャッツ / Kumpulan Alleycats
クンプラン アレイキャッツ
Kumpulan Alleycats

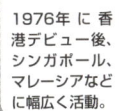

1976年に香港デビュー後、シンガポール、マレーシアなどに幅広く活動。

アミー・サーチ / Amy Search
アミィ サーチ
Amy Search

ベテランロックシンガー。「Tiada Lagi／もう存在しない」がヒット。

ジャマル・アブディラ / Jamal Abdillah
ジャマル アブディラ
Jamal Abdillah

マレーシアのキング・オブ・ポップス。俳優としても人気を誇る。

シンディー・ウォン / 黄美詩
スィンディ ウォン
M-GIRLS

人気少女グループGirls 4 U（ガールズ・フォー・ユー）のメンバー。

シャオピンピン / 小萍萍
シャオピンピン
Melissa Goh

1989年デビューの福建系歌手。レパートリーはロックや福建歌謡。

シーラ・マジッド / Sheila Majid
シェラ マジッ
Sheila Majid

1985年デビューのポップシンガー。日本でもCDをリリース。

アニタ・サラワク / Anita Sarawak
アニタ サラワッ
Anita Sarawak

1970年デビューで、アルバム数は約40枚。現在はラスベガスで活躍。

★Datuk（ダトゥッ）は、国王、ペナン、マラッカ、サバ、サラワク州の王様（→P133）から授けられる称号。その他の9州の王様から授与される称号はDato'（ダトゥ）

マレーシアの宗教を知ろう

Ketahuilah serba sedikit mengenai agama di Malaysia.
クタウイラ スルバ スディキッ ムグナイ アガマ ディ マレイシァ
Let's learn about religious beliefs in Malaysia.

マレーシアの宗教は各民族との結びつきが強く、主にマレー系はイスラム教、中国系は仏教、インド系はヒンドゥー教、それ以外はキリスト教に分かれる。

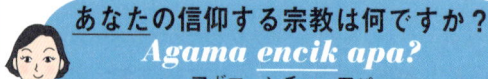

あなたの信仰する宗教は何ですか？
Agama encik apa?
アガマ ンチッ アパ
What is your religion?

イスラム教
agama Islam

アガマ イスラム
Islam

マレーシアの国教はイスラム教で、唯一神アラーを信仰する一神教。信仰の自由は認められているが、国民の半数を占めるマレー系は例外なくイスラム教を信仰している。イスラム教徒が行うべき信仰行為（五行）は、信仰告白、礼拝、喜捨、断食、巡礼で、1日5回と金曜日のモスクでの礼拝や、イスラム暦9月の30日間、日の出から日没までの間、飲食、嗜好などを絶つ断食などの戒律がある。

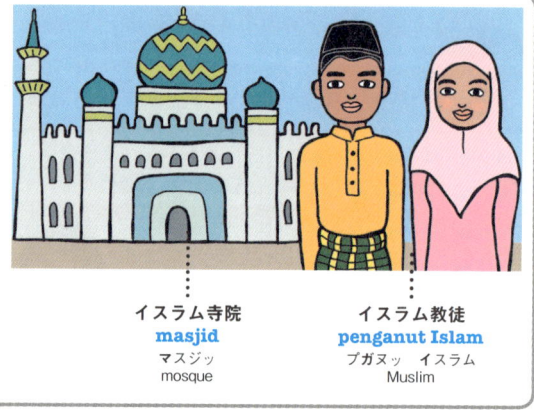

イスラム寺院
masjid
マスジッ
mosque

イスラム教徒
penganut Islam
プガヌッ イスラム
Muslim

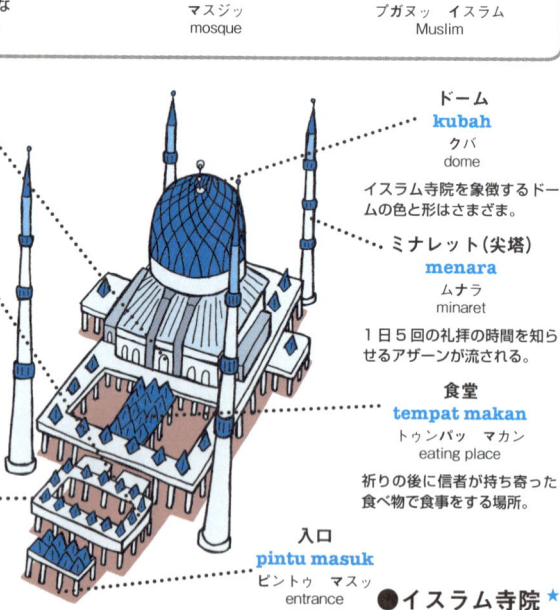

礼拝所
tempat beribadat
トゥンパッ ブルイバダッ
place for worship

礼拝所の中は男女別で、メッカの方角に向かって祈る。

男性トイレと洗浄場
tandas lelaki dan tempat ambil air wuduk
タンダス ルラキ ダン トゥンパッ アンビル アイル ウドゥッ
Men's toilet and place to take ablution water

男性が礼拝室に入る前にイスラム教の作法で身を清める。

女性トイレと洗浄場
tandas perempuan dan tempat ambil air wuduk
タンダス プルンプアン ダン トゥンパッ アンビル アイル ウドゥッ
Ladies' toilet and place to take ablution water

女性が礼拝室に入る前にイスラム教の作法で身を清める。

ドーム
kubah
クバ
dome

イスラム寺院を象徴するドームの色と形はさまざま。

ミナレット（尖塔）
menara
ムナラ
minaret

1日5回の礼拝の時間を知らせるアザーンが流れる。

食堂
tempat makan
トゥンパッ マカン
eating place

祈りの後に信者が持ち寄った食べ物で食事をする場所。

入口
pintu masuk
ピントゥ マスッ
entrance

●イスラム寺院 ★

★たいていのイスラム寺院は異教徒でも見学可能だが、肌を露出した服装は避けること。女性はローブとスカーフを借りて、身に付けてから中に入るところもある

仏教
agama Buddha
アガマ　ブッダ

Buddhism

人口の約3割を占める中国系の大多数は、仏教、道教、儒教の混合からなる中国系宗教の信仰者。15世紀は明とマラッカの関係が強く、明の皇帝が皇女をマラッカ王に嫁がせるなど、マラッカに中国人が移り住んだ。しかし、現在の中国系の多くはペラ王国でスズ鉱床が発見された19世紀初頭に労働力として広東、福建などから移住した人々。釈迦生誕祭などには寺院でお経をあげ、供物を捧げる。

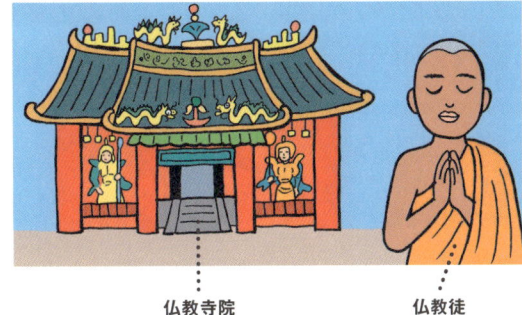

仏教寺院
topekong
トペコン
Buddhist temple

仏教徒
penganut Buddha
プガヌッ　ブッダ
Buddhist

ヒンドゥー教
agama Hindu
アガマ　ヒンドゥ

Hinduism

1870年以降、自動車産業の発達に伴い、マレーシアと同様に英国の植民地であったインドからゴムのプランテーション、鉄道や道路建設のための労働者の大量移住が始まった。その大多数は南インド農村部のタミル人。インド系住民の約7割、総人口の約1割が信仰するのがヒンドゥー教で、毎年1～2月の満月の夜に開催されるタイプーサムは、ヒンドゥー教最大の祭り。

ヒンドゥー寺院
kuil
クイル
Hindu temple

ヒンドゥー教徒
penganut Hindu
プガヌッ　ヒンドゥ
Hindu

キリスト教
agama Kristian
アガマ　クリスティア

Christianity

中国系の2～3％、インド系の約1割、東マレーシアのサバ、サラワクの先住民族の一部が信仰する。先住民族はもともと各民族の土着信仰であったが、第2次世界大戦後にキリスト教の伝道が活発になされたため、西マレーシアに比べてキリスト教徒の割合が多い。ポルトガルやオランダの植民地時代にマラッカに建てられた教会や、英国統治時代に建てられた英国国教教会など歴史的な建造物も多い。

教会
gereja
グレジャ
church

キリスト教徒
penganut Kristian
プガヌッ　クリスティア
Christian

ひとくちコラム

オープンハウス
オープンハウスは民族にかかわらずマレーシア人が大切にしている文化。マレー系イスラム教徒の断食明け大祭（→P82）、中国系の中国暦正月、インド系ヒンドゥー教徒のディパバリなど、各民族の祭りには、親戚、友人などを自宅に招いて料理やお菓子でもてなす。これは、多民族国家において各民族の習慣や文化、宗教を他の民族に紹介する絶好の機会となっており、プライベートだけでなく、各州の王様、首相などが主催するオフィシャルなものもある。

マレーシア建築を知ろう

Ketahuilah serba sedikit mengenai kesenian pembinaan Malaysia.
クタウイラ スルバ スディキッ ムグナイ
クスニアン プンビナアン マレイスィア
Let's learn about Malaysian architecture.

あの建物は何ですか？
Bangunan itu bangunan apa?
バグナン イトゥ バグナン アパ
What is that building?

建物の中に入れますか？
Boleh, tak masuk ke dalam bangunan itu?
ボレ タッ マスック ダラム バグナン イトゥ
Can I go inside?

はい
Boleh.
ボレ
Yes, you can.

いいえ
Tak boleh.
タッ ボレ
No, you can't.

ひとくちコラム
ノスタルジックな建造物
各民族と深く結び付いている宗教関係の建造物と英国統治地時代に建設されたコロニアル建築は必見。

イスラム教建築
seni bina Islam
スニ ビナ イスラム
Islamic architecture

1892年にジョホール国王スルタン・アブ・バカルによって建てられたアブ・バカル・モスクは、ジョホール水道を見下ろす丘の上に立ち、青い屋根と白壁が印象的。マレーシアで最も美しいモスクの1つと言われており、礼拝堂は約2000人収容。カピタン・クリン・モスクは1801年にインド系イスラム教徒によって建てられた。ムーア式イスラム建築の影響を受けドーム型ミナレットが特徴。

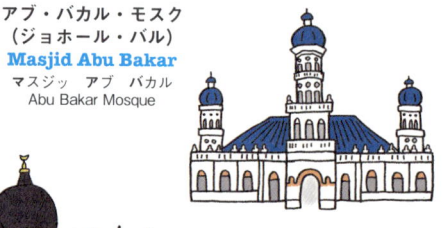

アブ・バカル・モスク（ジョホール・バル）
Masjid Abu Bakar
マスジッ アブ バカル
Abu Bakar Mosque

カピタン・クリン・モスク（ペナン島）
Masjid Kapitan Keling
マスジッ カピタン クリン
Kapitan Keling Mosque

仏教建築
seni bina Buddha
スニ ビナ ブッダ
Buddhist architecture

19世紀に中国南部から多くの中国人が移住し始めたことにより、マレーシアにも仏教寺院が建築されるようになった。主に広東、福建、潮州、客下の4様式に分かれるが、タイやビルマなどの様式が混在するものもある。風水の要素である木（緑）、土（黄）、金（白）、水（黒）、火（赤）が取り入れられているために色彩が豊かで、屋根、外壁、内装には美しい彫刻が施された豪華なものも多い。

チェン・フー・テン寺院（マラッカ）
topekong Cheng Hoong Teng
トペコング チェン フン テン
Cheng Hoong Teng Temple

クー・コン・シ（ペナン島）
Khoos Kongsi
ク コンスィ
Khoos Kongsi

ヒンドゥー教建築
seni bina Hindu

スニ　ビナ　ヒンドゥ
Hindu architecture

一神教で偶像崇拝を禁じるイスラム教とは異なり、数多くの神様が存在するヒンドゥー教。その寺院のゴプラム（門塔）や境内は極彩色の神々の彫像で埋め尽くされている。南インドのタミルナードゥ州やカルナータカ州に起源を持つ女神マリアマンを祀った寺院が数多くみられるが、タミル語で「マリ」は「雨」、アマンは「母」を意味し、雨を降らせて農村を守り病気を癒す神様として知られている。

スリ・マハ・マリアマン寺院（クアラルンプール）
kuil Maha Sri Mariamman
クイル　マハ　スリ　マリアマン
Sri Maha Mariamman Temple

マハ・マリアマン寺院（ペナン島）
kuil Maha Mariamman
クイル　マハ　マリアマン
Maha Mariamman Temple

キリスト教建築
seni bina Kristian

スニ　ビナ　クリスティアン
Christian architecture

1895年に献堂されたセント・マリー聖堂は、英国ゴシック建築を基調としており、スルタン・アブドゥル・サマド・ビルやロイヤル・スランゴール・クラブなども設計したA.C.ノーマンによるもの。セント・ジョージ教会は1818年に建てられたマレーシアで最も古い英国教会で、高い尖塔をもつ白亜の建物。その近くの聖母被昇天大聖堂は1786年創立のカトリック教会。

セント・マリー聖堂（クアラルンプール）
gereja St. Mary
グレジャ　セン　マリ
Cathedral of St. Mary The Virgin

セント・ジョージ教会（ペナン島）
gereja St. George
グレジャ　セン　ジョージ
St. George Church

コロニアル建築
seni bina Kolonial

スニ　ビナ　コロニアル
colonial architecture

クアラルンプールの独立広場周辺やペナン島ジョージタウンには、19世紀〜20世紀初頭の英国統治時代を象徴する歴史的建造物が集まっている。マラヤ連邦の鉄道事務局ビルとして1905年に完成した旧テキスタイル博物館は赤と白のレンガ造り。マスジッド・ジャメやクアラルンプール駅なども手がけたA.B.ハボックが設計した。ペナン島の旧市庁舎は円柱、大きな窓、高い天井が印象的。

旧テキスタイル博物館（クアラルンプール）
Muzium Tekstil lama
ムジウム　テクスティル　ラマ
Old Textile Museum

旧市庁舎（ペナン島）
Dewan Bandar Raya lama
デワン　バンダル　ラヤ　ラマ
Old Municipal Office

歴史上の人物を極めよう

Kenalilah orang-orang ternama di Malaysia.
クナリラ オランオラン トゥルナマ ディ マレイスィア
Get to know well-known people in Malaysia.

長い植民地時代を経て、マレーシアと呼ばれる国が成立したのは1963年9月16日。マレーシアとしての歴史は浅いが、世界レベルで活躍するさまざまな分野の人々がマレーシアの発展に貢献している。

この人は誰ですか？
Tokoh ini siapa?
トコ イニ スィアパ
Who is this person?

何で有名ですか？
Beliau terkenal dalam bidang apa?
ブリアウ トゥルクナル ダラム ビダン アパ
Why is this person well known?

マレーシアの政治家

トゥンク・アブドゥル・ラーマン
Tunku Abdul Rahman Putra Al-Haj
トゥンク アブドゥル ラマン プトゥラ アルハジ
Tunku Abdul Rahman Putra Al-Haj

1947年結成、1957年に独立したマラヤ連邦の初代首相で「独立の父」。1963年、マレーシアに改編後も首相として手腕をふるう。

アブドゥル・ラザク
Tun Abdul Razak Hussein
トゥン アブドゥル ラザッ フセイン
Tun Abdul Razak Hussein

1970年に第2代首相に就任。マレー人の経済進出を促すマレーシア新経済計画（ブミプトラ政策）を促進した「発展の父」。

マハティール・モハマド
Tun Dr. Mahathir Mohamed
トゥン ドクタル マハティル モハメッ
Tun Dr. Mahathir bin Mohamed

1981年に第4代首相に就任。強力な指導力でブミプトラ政策や日本を手本とするルックイースト政策を推進する「近代化の父」。

ラフィダ・アジズ
Dato' Seri Rafidah Aziz
ダトゥ スリ ラフィダ アジズ
Dato' Seri Rafidah Aziz

前国際貿易産業相で、与党第一党、統一マレー国民組織（UMNO）婦人部長。マレーシアを世界的な投資国に成長させた。

マレーシア略史

| 1400 | ☆1500☆ | 1600 | ☆ | 1700 | ☆ ☆ 1800 ☆ ☆ |

① 15世紀初頭
マラッカ王国を建国

② 1511年
ポルトガルがマラッカを占領

③ 1641年
オランダがマラッカを占領

④ 1786年
英国がペナン島を植民地に

⑤ 1795年
英国がマラッカを植民地に

column | マレーシアの国旗

1950年に後のマラヤ連邦の国旗となる旗が誕生した当時、赤と白の横縞と星の光線は11。1963年にサバ、サラワク、シンガポールの3州がマラヤ連邦に加盟し、横縞と星の光線が14になり、国名もマレーシアに。1965年にはシンガポールがマラヤ連邦から脱退したが、14の横縞と星の光線は13州と連邦直轄区を表す。国旗の名称はJalur Gemilang（光り輝くストライプ）。赤は「勇気」、白は「清らかさ」、青は「国民の団結」、黄色は「王家の色」、星の光線は「13州と連邦政府の統一」、三日月は「イスラム教」を表す。

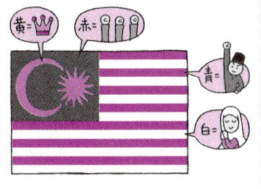

世界的に著名なマレーシア人

アズハー・マンスール
Dato' Azhar Mansur
ダトゥ　アズハル　マンスル
Dato' Azhar Mansur

1999年8月12日、マレーシア人で初めてヨット単独世界一周航海の快挙を成し遂げ、190日ぶりにランカウイ島に帰還した英雄。

ウンク・A・アジズ
Profesor Ungku Abdul Aziz
プロフェッソル　ウンク　アブドゥル　アジズ
Professor Ungku Abdul Aziz

マラヤ大学で経済学を学び、日本に留学。1961年にマレー人初のマラヤ大学教授。1968年同学長。貧困経済研究の先駆者。

アディバ・アミン
Adibah Amin
アディバ　アミン
Adibah Amin

1936年生まれ。13歳で処女小説を出版以来、小説、翻訳、脚本、随筆、評論など、常に第一線で活躍する女流作家兼ジャーナリスト。

ゼティ・アジズ
Dato' Zetti Aziz
ダトゥ　ゼティ　アジズ
Dato' Zetti Aziz

市場の安定化に手腕を発揮し、女性初のマレーシア中央銀行総裁に就任。米国ペンシルバニア大学で博士号を取得した金融政策の専門家。

モクタル・ダハリ
Mokhtar Dahari
モクタル　ダハリ
Mokhtar Dahari

1970年代に活躍したサッカーの伝説的スター選手。マレーシアサッカーを一躍有名にしたアジア屈指の名フォーワード。故人。

ニコル・デイビット
Dato' Nicol David
ダトゥ　ニコル　デイヴィッ
Dato' Nicol David

女子世界ランキング1位のスカッシュ選手。現在、マレーシアで最も有名な若手スポーツアスリート。数々の大会で優勝している。

---

⑥1818年　オランダがマラッカを植民地に
⑦1824年　英国がマレー半島の大部分を植民地に
⑧1941年　太平洋戦争勃発
⑨1942年　日本軍がマレー半島、サラワク、英領北ボルネオ（現サバ）占領
⑩1945年　日本敗戦。再び英国の植民地に
⑪1957年　マレー半島がマラヤ連邦として独立
⑫1963年　サバ、サラワク、シンガポールを併合してマレーシア連邦に
⑬1965年　シンガポールが分離独立。現在マレーシアに

1900 ⑧ ⑨ ⑩ 11 12 13 2000

暦、季節、イベント、祭

Kalendar, Musim, Acara, Pesta
カレンダル ムスィム アチャラ ペスタ
Calender, Season, Event, Festival

今日は何か特別な日ですか？
Hari ini hari istimewa ke?
ハリ イニ ハリ イスティメワ ク
Is today a special day?

はい、今日は○○です
Ya, hari ini ○○.
ヤ ハリ イニ ○○
Yes, today is ○○.

祝日
cuti awam
チュティ アワム
public holiday

学校の休み
cuti sekolah
チュティ スコラ
school holiday

帰省する
balik kampung
バリッ カンプン
back to hometown

新年（1月1日）
Tahun Baru
タウン バル
New Year

ケダ、ケランタン、ペルリス、トレンガヌ、ジョホールは祝日ではない。官公庁、会社、学校は通常通り。

1月 Januari
ジャヌアリ
January

2月 Februari
フェブルアリ
February

クリスマス（12月25日）
Hari Krismas
ハリ クリスマス
Christmas

12月 Disember
ディセンブル
December

雨季 musim hujan
ムスィム ウジャン
rainy season

ディパバリ ★
Hari Deepavali
ハリ ディパヴァリ
Deepavali

ヒンドゥー教の祭り。家々にはランプが灯り、美しいイルミネーションが街を飾る光の祭典。

11月 November
ノヴェンブル
November

サバ、サラワクは11～2月、マレー半島東海岸は10～1月。11月～2月のモンスーン期にはトレンガヌ、クランタンのダイビングリゾートの宿はクローズする。

犠牲祭 ★
Hari Raya Aidiladha
ハリ ラヤ アイディル アドハ
Hari Raya Aidiladha

イスラム教徒のメッカ巡礼最終日で、山羊や牛を生賛として捧げ、貧しい人々にふるまう。

10月 Oktober
オクトブル
October

9月 September
セプテンブル
September

断食明け大祭（2連休）
Hari Raya Aidilfitri
ハリ ラヤ アイディル フィトゥリ
Hari Raya Aidilfitri

イスラム教徒にとって年1回の最大の祭り。Hari Raya Puasa[ハリ・ラヤ・プアサ]とも呼ばれ、1カ月の断食月を終えると、里帰りをしてオープンハウスで家族、親戚、友人を自宅へ招き、お祝い料理やお菓子を食べて祝う。

ナショナルデー（8月31日）
Hari Kebangsaan
ハリ クバンサアン
National Day

前夜は、クアラルンプールの独立広場をはじめ、主要都市はイルミネーションなどで飾り付けられ、カウントダウンが行われる。当日は式典やパレードなどが華やかに繰り広げられる。

★「ディパバリ」はラブアン、サラワクを除く。「犠牲祭」はクランタン、トレンガヌは2連休

新年おめでとう
Selamat tahun baru.

スラマッ タウン バル

Happy New Year.

お誕生日おめでとう
Selamat hari jadi.

スラマッ ハリ ジャディ

Happy birthday.

新月
bulan gelap

ブラン グラッ(プ)

new moon

断食明けおめでとう
Selamat Hari Raya Aidilfitri.

スラマッ ハリ ラヤ アイディル**フィ**トゥリ

Selamat Hari Raya Aidilfitri.

満月
bulan purnama

ブラン プルナマ

full moon

タイプーサン (2月頃)
Thaipusam

タイプサム

Thaipusam

ヒンドゥー教徒が苦行と感謝の気持ちを神へ捧げる祭り。クアラルンプールのバトゥ・ケーブには信者が集まり、身体に何本もの串や針を刺してトランス状態になった信者が、カヴァディをかつぎ、街中を歩く。

| 3月 Mac マッ March | 4月 April エイプリル April |

中国暦正月 (2月頃) ★
Tahun Baru Cina

タウン バル チナ

Chinese New Year

中国系にとって最大の祭り。街中は縁起のよいとされる赤い飾り物で真っ赤になり、ゴングやドラムのにぎやかな音に合わせて踊るドラゴンダンスや獅子舞が街を練り歩く。

| 乾季 musim kemarau ムスィム クマラウ dry season | 5月 Mei メイ May |

マレー半島西海岸は雨季と乾季が明確でないが、6～9月は比較的雨が多い。水不足が深刻な年は、水道の断水時間が決められたり、給水車が出ることもある。

| | 6月 Jun ジュン June |
| 8月 Ogos オゴス August | 7月 Julai ジュライ July |

モハメッド降誕祭
Maulud Nabi

マウルッ ナビ

Prophet Muhammad's Birthday

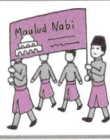

国王誕生日 (6月第1土曜日)
Hari Keputeraan DYMM yang di Pertuan Agong

ハリ クプトゥラアン ドゥリ ヤン マハ ムリア ヤン ディ プルトゥアン アゴン

Agong's Birthday

スルタン不在の4州以外の9州のスルタンが、任期5年の輪番制で国王になる。国王誕生日は6月第1土曜日に定められ、国王は変わっても国王誕生日は変わらない。

ひとくちコラム
マレーシアの祝祭日

マレーシアには国民の祝日と州の祝日がある。新年 (1月1日) は州の祝日のため、一部、祝日でない州もある。宗教関連の祝日は、イスラム教はヒジュラ暦、中国は旧暦、ヒンドゥー教はヒンドゥー暦によって行われるため、毎年、日にちが変わる。「収穫祭」はサバではPesta Kaamatan (ペスタ クアマタン) (5月30～31日)、サラワクではPesta Gawai (ペスタ ガワイ) (6月1～2日) と呼ばれ、祝日。

★「中国暦正月」はクランタン、トレンガヌ以外は2連休

伝えよう

年中温暖で、食べ物も豊富なマレーシア。ロングステイも人気なこの国について一歩突っ込んで触れてみよう。

近年、日本からも「セカンドライフ」のために移住する人が増えているというマレーシア。

たしかに暮らしやすそうな良いところだと思います

まず気候がいい！

一年中トンボもチョウも飛ぶ

四季がなく花が咲き、

夏服ですごせる→

食べ物も豊富！

豚肉は手に入りづらいらしいけど

イスラム教的に

日本人としては車道が右側通行なのも落ち着くところです。

マレーシアの住宅は
リンクハウスといって
家同士が
くっついている
もの。

お隣が中国人系、
インド人系だったり、
というのは普通にあること

文化の違いをすんなり
受け入れられるお国柄

相手の宗教を尊重し、
お付き合いしているそうです

イスラム教徒は同宗教の人
としか結婚できません

←相手がイスラム教
に改宗すれば
結婚できる

妻は4人まで
持てます

私は妻は
1人だけ
です

←きびしい基準が
あるのだそう

マレーシア、
住んでみる？

数字、単位

Angka, Unit
アンカ ユニッ
Numbers, Units

○十	○ **puluh** ○ プル ○ty	
十○ (11〜19)	○ **belas** ○ ブラス ○teen	
百	**ratus** ラトゥス hundred	
千	**ribu** リブ thousand	
万	**puluh ribu** プル リブ ○ty thousand	
十万	**ratus ribu** ラトゥス リブ hundred thousand	
百万	**juta** ジュタ million	
億	**ratus juta** ラトゥス ジュタ hundred million	

0 kosong / コソン / zero
1 satu / サトゥ / one
2 dua / ドゥア / two
3 tiga / ティガ / three
4 empat / ンパッ / four
5 lima / リマ / five
6 enam / ンナム / six
7 tujuh / トゥジュ / seven
8 lapan / ラパン / eight
9 sembilan / スンビラン / nine

10 **sepuluh** スプル ten	**100** **seratus** スラトゥス one hundred	**1 000** **seribu** スリブ one thousand
11 **sebelas** スブラス eleven	**何人？** **Berapa orang?** ブラパ オラン How many people?	**3人** **Tiga orang.** ティガ オラン Three people.
1番目 **pertama** プルタマ first	**2番目** **kedua** クドゥア second	**3番目** **ketiga** クティガ third
5% **lima peratus** リマ プラトゥス five percent	**1/2 (半分)** **setengah** ストゥガ one-half	**1/4** **suku** スク a quarter

2.31
dua perpuluhan tiga satu
ドゥア プルプルハン ティガ サトゥ
two point three one

○回
○ kali
○ カリ
○ time(s)

5 607
lima ribu enam ratus tujuh
リマ リブ ウナム ラトゥス トゥジュ
five thousand six hundred and seven

○階
tingkat ○
ティンカッ ○
○ floor(s)

これを○個ください．
Mintak yang ini ○.
ミンタッ ヤン イニ ○
I will take these ○, please.

○キロ
○ kilo
○ キロ
○ kilo(s)

RM15.10
Lima belas ringgit sepuluh sen
リマ ブラス リンギッ スプル セン
fifteen ringgit and ten cents

○本（ビン）
○ botol
○ ボトル
○ bottle(s)

2倍 **dua kali ganda** ドゥア カリ ガンダ double

全部 **semua** スムア all of them

ひとくちコラム

数字の読み方と偶数・奇数
100、1,000、100万は、それぞれの単位であるratus, ribu, jutaの前にsatu(1)をつけるか、短縮形のse-をつける。大きな数字は3ケタずつ区切って読み、数字を書く時には、3ケタごとの区切りにスペースを入れる。小数点は．(perpuluhan) で表し、小数点以下は1つずつ読む。マレーシアでは、数字はganjil（ガンジル）「奇数」よりもgenap（グナップ）「偶数」の方が好まれる。ganjilは「奇妙な」、genapは「完全な」という意味もあるため、お菓子などの品物を贈る際には、3個より4個、5個より6個がよいとされる。

時間、1日
Masa, Sehari suntuk
マサ スハリ スントゥッ
Time, One whole day

今、何時ですか？
Sekarang pukul berapa?
スカラン プクル ブラパ
What time is it now?

ホテルには何時に着きますか？
Pukul berapa kita tiba di hotel?
プクル ブラパ キタ ティバ ディ ホテル
What time will we arrive at the hotel?

早朝 / **subuh** / スブ / dawn

朝（〜10時） / **pagi** / パギ / morning

午前 / **waktu siang** / ワクトゥ スィアン / day time

昼（10〜15時） / **tengah hari** / トゥガ ハリ / afternoon

1時	pukul satu pagi	プクル サトゥ パギ	1am
3時	pukul tiga pagi	プクル ティガ パギ	3am
5時	pukul lima pagi	プクル リマ パギ	5am
7時	pukul tujuh pagi	プクル トゥジュ パギ	7am
9時	pukul sembilan pagi	プクル スンビラン パギ	9am
11時	pukul sebelas pagi	プクル スブラス パギ	11am

| 0時 | 1時 | 2時 | 3時 | 4時 | 5時 | 6時 | 7時 | 8時 | 9時 | 10時 | 11時 | 12時 |

0時（24時）	pukul dua belas tengah malam	プクル ドゥア ブラス トゥガ マラム	midnight
2時	pukul dua pagi	プクル ドゥア パギ	2am
4時	pukul empat pagi	プクル ンパッ パギ	4am
6時	pukul enam pagi	プクル ンナム パギ	6am
8時	pukul lapan pagi	プクル ラパン パギ	8am
10時	pukul sepuluh pagi	プクル スプル パギ	10am
12時	pukul dua belas tengah hari	プクル ドゥア ブラス トゥガ ハリ	noon

日の出 / **matahari terbit** / マタハリ トゥルビッ / sunrise

起床 / **bangun tidur** / バグン ティドゥル / wake up

朝食 / **sarapan pagi** / サラパン パギ / breakfast

出社 / **pergi kerja** / プルギ クルジャ / go to work

市場まではどれくらいかかりますか？
Nak ke pasar makan masa berapa lama?
ナック パサル マカン マサ ブラパ ラマ
How long does it take to get to the market?

6時に起こしてください
Tolong bangunkan saya pukul enam.
トロン バグンカン サヤ プクル ンナム
Please wake me up at 6 o'clock.

急いでいます
Saya nak cepat.
サヤ ナッ チュパッ
I'm in a hurry.

1時20分です
Pukul satu dua puluh.
プクル サトゥ ドゥア プル
One twenty.

午後3時ごろです
Lebih kurang pukul tiga petang.
ルビ クラン プクル ティガ プタン
At about 3 o'clock in the afternoon.

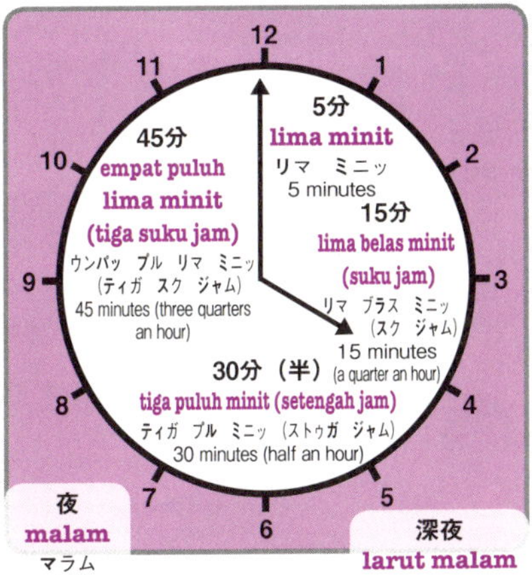

時計図

- **5分** lima minit リマ ミニッ 5 minutes
- **15分** lima belas minit (suku jam) リマ ブラス ミニッ (スク ジャム) 15 minutes (a quarter an hour)
- **30分 (半)** tiga puluh minit (setengah jam) ティガ プル ミニッ (ストゥガ ジャム) 30 minutes (half an hour)
- **45分** empat puluh lima minit (tiga suku jam) ウンパッ プル リマ ミニッ (ティガ スク ジャム) 45 minutes (three quarters an hour)

午後 waktu petang ワクトゥ プタン afternoon

夕方(15〜18時) petang プタン evening

夕暮れ senja スンジャ dusk

夜 malam マラム night

深夜 larut malam ラルッ マラム late at night

13時 pukul satu tengah hari プクル サトゥ トゥガ ハリ 1pm
15時 pukul tiga petang プクル ティガ プタン 3pm
17時 pukul lima petang プクル リマ プタン 5pm
19時 pukul tujuh malam プクル トゥジュ マラム 7pm
21時 pukul sembilan malam プクル スンビラン マラム 9pm
23時 pukul sebelas malam プクル スブラス マラム 11pm

| 13時 | 14時 | 15時 | 16時 | 17時 | 18時 | 19時 | 20時 | 21時 | 22時 | 23時 | 24時 |

14時 pukul dua petang プクル ドゥア プタン 2pm
16時 pukul empat petang プクル ンパッ プタン 4pm
18時 pukul enam petang プクル ンナム プタン 6pm
20時 pukul lapan malam プクル ラパン マラム 8pm
22時 pukul sepuluh malam プクル スプル マラム 10pm

昼食 makan tengah hari マカン トゥガ ハリ lunch 
昼寝 tidur sekejap waktu siang ティドゥル スクジャッ(プ) ワクトゥ スィアン take a nap 
退社 balik kerja バリッ クルジャ back from work 
水浴び mandi マンディ take a bath
夕食 makan malam マカン マラム dinner 
就寝 tidur ティドゥル go to bed

ひとくちコラム
イスラム教徒の1日5回のお祈り
日の出前のsubuh（スブ）、午後のzuhur（ズフル）、夕方のasar（アサル）、日没時のmaghrib（マグリッ(ブ)）、日没〜日の出のisyak（イシャッ）の5回。

○時間前
○ jam sebelum itu
○ ジャム スブルム イトゥ
○ hour(s) before

○時間後
○ jam selepas itu
○ ジャム スルパス イトゥ
○ hour(s) later

使える！ワードバンク 〔時間編〕

- **○時/1時** pukul ○ / pukul satu プクル ○ プクル サトゥ
- **○時間/1時間** jam / satu jam ○ ジャム サトゥ ジャム
- **○分/1分** minit / satu minit ○ ミニッ サトゥ ミニッ
- **8時ちょうど** pukul lapan tepat プクル ラパン トゥパッ
- **時差** perbezaan waktu プルベザアン ワクトゥ
- **遅刻しました** terlambat トゥルランバッ

はじめよう | 歩こう | 食べよう | 買おう | 極めよう | 伝えよう | 日本の紹介

曜日、年月日

Hari, Hari bulan, Bulan, Tahun
ハリ　ハリ　ブラン　ブラン　タウン
Day, Date, Month, Year

いつクアラルンプールに来ましたか？
Bila datang ke Kuala Lumpur?
ビラ　ダタン　ク　クアラ　ルンプル
When did you come to Kuala Lumpur?

土曜日です
Hari Sabtu.
ハリ　サブトゥ
On Saturday.

12月1日です
1 hari bulan Disember.
サトゥ　ハリ　ブラン　ディセンブル
December the 1st.

いつ日本に帰りますか？
Bila nak balik ke Jepun?
ビラ　ナッ　バリック　ジュプン
When are you going back to Japan?

月	Malay	カタカナ	English
1月	**Januari**	ジャヌアリ	January
2月	**Februari**	フェブアリ	February
3月	**Mac**	マッ	March
4月	**April**	エイプリル	April
5月	**Mei**	メイ	May
6月	**Jun**	ジュン	June
7月	**Julai**	ジュライ	July
8月	**Ogos**	オゴス	August
9月	**September**	セプテンブル	September
10月	**Oktober**	オクトブル	October
11月	**November**	ノヴェンブル	November
12月	**Disember**	ディセンブル	December

曜日	Malay	カタカナ	English
月曜日	**hari Isnin**	ハリ　イスニン	Monday
火曜日	**hari Selasa**	ハリ　スラサ	Tuesday
水曜日	**hari Rabu**	ハリ　ラブ	Wednesday
木曜日	**hari Khamis**	ハリ　カミス	Thursday
金曜日	**hari Jumaat**	ハリ　ジュマアッ	Friday
土曜日	**hari Sabtu**	ハリ　サブトゥ	Saturday
日曜日	**Hari Minggu / hari Ahad**	ハリ　ミング　ハリ　アハッ	Sunday

1 2 3 4 5 6 7 8 9 10 11 12 13 14 15

○日前	○カ月前	○年前
○ hari lalu	○ bulan lalu	○ tahun lalu
○ ハリ ラル	○ ブラン ラル	○ タウン ラル
○ day(s) ago	○ month(s) ago	○ year(s) ago
昨日	先月	去年
semalam	bulan lalu	tahun lalu
スマラム	ブラン ラル	タウン ラル
yesterday	last month	last year
今日	今月	今年
hari ini	bulan ini	tahun ini
ハリ イニ	ブラン イニ	タウン イニ
today	this month	this year
明日	来月	来年
esok / besok	bulan depan	tahun depan
エソッ ベソッ	ブラン ドゥパン	タウン ドゥパン
tomorrow	next month	next year
○日後	○カ月後	○年後
○ hari lagi	○ bulan lagi	○ tahun lagi
○ ハリ ラギ	○ ブラン ラギ	○ タウン ラギ
○ day(s) later	○ month(s) later	○ year(s) later

どれくらい

何日間?	何週間?	何カ月間?	何年間?
Berapa hari?	Berapa minggu?	Berapa bulan?	Berapa tahun?
ブラパ ハリ	ブラパ ミング	ブラパ ブラン	ブラパ タウン
How many days?	How many weeks?	How many months?	How many years?
▼	▼	▼	▼
○日間	○週間	○カ月間	○年間
○ hari.	○ minggu.	○ bulan.	○ tahun.
○ ハリ	○ ミング	○ ブラン	○ タウン
○ day(s).	○ week(s).	○ month(s).	○ year(s).

いつ

何日?	何月?	何曜日?
Berapa hari bulan?	Bulan apa?	Hari apa?
ブラパ ハリ ブラン	ブラン アパ	ハリ アパ
What's the date?	What month is it?	What day is it?
▼	▼	▼
○日	○月	○曜日
○ hari bulan.	Bulan ○.	Hari ○.
○ ハリ ブラン	ブラン ○	ハリ ○
○○. (Second.など)	○. (March.など)	○. (Monday.など)

ひとくちコラム

木曜日の夜
hari Khamis malam Jumaat（ハリ カミス マラム ジュマッ）「木曜日の夜」はイスラム教徒にとって夫婦・家族の時間。会社は行事や会議の予定を入れず、社員も残業をしないで早めに帰宅する。そして、普段よりもお祈りの時間を長く取るなど、親子、夫婦は水入らずで過ごすことが多い。この時間帯に宗教以外の用件で家を訪問したり、電話をするのは避けよう。

16 17 18 19 20 21 22 23 24 25 26 27 28 29 30 31

★「先週」はminggu lalu（ミング ラル）、「今週」はminggu ini（ミング イニ）、「来週」はminggu depan（ミング ドゥパン）

家族、友達、人の性格

Keluarga, Kawan, Keperibadian
クルアルガ カワン クブリバディアン
Family, Friends, Personality

あなたには兄弟・姉妹はいますか？
Cik ada adik beradik?
チッ アダ アディッ ブルアディッ
Do you have any brothers or sisters?

はい。兄が1人います
Ada. Saya ada seorang abang.
アダ サヤ アダ スオラン アバン
Yes. I have one elder brother.

祖父	datuk	ダトゥッ	grandfather
私の家族	keluarga saya	クルアルガ サヤ	my family
祖母	nenek	ネネッ	grandmother
おじ	pak cik	パッ チッ	uncle
父	ayah	アヤ	father
母	emak	ンマッ	mother
おば	mak cik	マッ チッ	aunt
兄	abang	アバン	elder brother
姉	kakak	カカッ	elder sister
私	saya	サヤ	me / I
弟/妹 ★	adik ○○	アディッ ○○	younger brother / younger sister
息子	anak lelaki	アナッ ルラキ	son
夫	suami	スアミ	husband
妻	isteri	イストゥリ	wife
娘	anak perempuan	アナッ プルンプアン	daughter
子供	anak	アナッ	child / children
兄弟/姉妹	adik beradik	アディッ ブルアディッ	brothers and sisters
夫婦	suami-isteri	スアミ イストゥリ	husband and wife
両親	ibu bapa	イブ バパ	parents
親戚	saudara-mara	ソダラ マラ	relatives
孫	cucu	チュチュ	grandchild / grandchildren
いとこ	sepupu	スププ	cousin
甥/姪	anak saudara	アナッ ソダラ	niece / nephew
義理の兄弟/姉妹	ipar	イパ	brother-in-law / sister-in-law
舅/姑	mentua	ムントゥア	father-in-law / mother-in-law

★「弟」の時は○○にlelaki（ルラキ）「男」、「妹」の時にはperempuan（プルンプアン）「女」が入る

友達	里親	少年	上司
kawan	**keluarga angkat**	**anak muda**	**pegawai tinggi**
カワン	クルアルガ アンカッ	アナッ ムダ	プガワイ ティンギ
friend	foster family	youngster	higher officer

恋人	婚約者	少女	部下
kekasih	**tunang**	**gadis**	**pegawai rendah**
ククシ	トゥナン	ガディス	プガワイ ルンダ
lover	fiance (fiancee)	young girl	lower officer

彼（彼女）は私の○○です
Dia ○○ saya.
ディア ○○ サヤ
He(She) is my ○○.

私は恥ずかしがりやです
Saya pemalu.
サヤ プマル
I'm shy.

あなたは優しいですね★
Encik baik hati, ya.
ンチッ バイッ ハティ ヤ
You're kind.

使える！ワードバンク 〈人の性格編〉

明るい	**periang** プリアン
暗い	**pemurung** プムルン
勤勉	**rajin** ラジン
なまけている	**malas** マラス
口うるさい	**cerewet** チェレウェッ
無口	**pendiam** プンディアム
礼儀正しい	**sopan** ソパン
そそっかしい	**gopoh** ゴポ
ケチ	**kedekut** クドゥクッ
うそつき	**pembohong** プンボホン
甘えん坊	**manja** マンジャ
賢い	**cerdik** チュルディッ

●人の性格を表す単語

高慢な sombong ソンボン arrogant

短気 cepat marah チュパッ マラ hot tempered

上品な lembut ルンブッ graceful

気さくな ramah ラマ friendly

臆病者 penakut プナクッ coward

勇気がある berani ブラニ brave

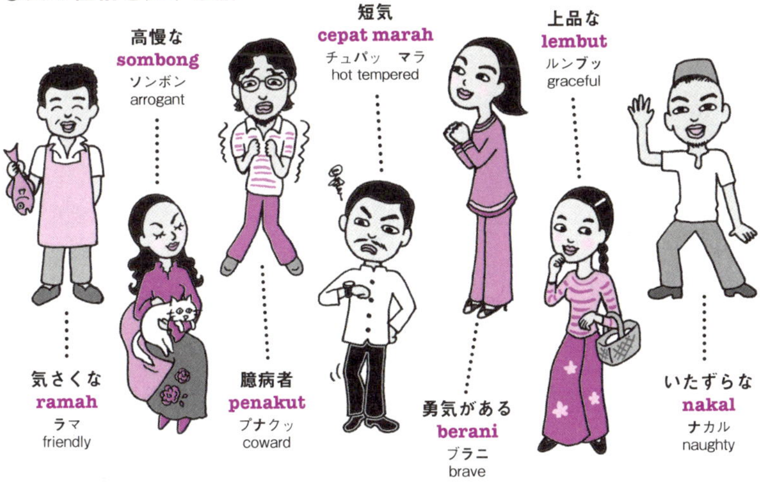

いたずらな nakal ナカル naughty

★「あなた」は相手の年齢、性別によって使い分けよう。詳しくはP11のコラムを参照

趣味、職業

Kegemaran, Pekerjaan
クグマラン ブクルジャアン
Hobby, Occupation

あなたの趣味は何ですか？
Kegemaran cik apa?
クグマラン チッ アパ
What is your hobby?

旅行です
Makan angin.
マカン アギン
Travelling.

音楽鑑賞 **dengar muzik** ドゥガル ムジッ listening to music	映画鑑賞 **tengok wayang** テンゴッ ワヤン watching films	読書 **baca buku** バチャ ブク reading books	漫画を読む **baca komik** バチャ コミッ reading comics
ショッピング **membeli-belah** ムンブリブラ shopping	散歩 **bersiar-siar ambil angin** ブルシアルシアル アンビル アギン strolling	食べ歩き **makan-makan** マカンマカン enjoying eating	
写真 **ambil gambar** アンビル ガンバル taking photographs	料理 **masak** マサッ cooking	スポーツ観戦 **tengok perlawanan sukan** テゴッ プルラワナン スカン watching sports	
ドライブ **bersiar-siar naik kereta** ブルシアル シアル ナイッ クレタ going for a drive		スキューバダイビング **selam skuba** スラム スクバ scuba diving	テニス **tenis** テニス playing tennis

私はマレー語を習って（学んで）います
Saya belajar bahasa Melayu.
サヤ ブラジャル バハサ ムラユ
I study Malay language.

文学 **sastera** サストゥラ literature	芸術 **seni** スニ art	経済 **ekonomi** エコノミ economy	法律 **undang-undang** ウンダンウンダン law
政治 **politik** ポリティッ politics	科学 **sains** サインス science	歴史 **sejarah** スジャラ history	コンピューター **komputer** コンプトゥル computer

あなたのお仕事は何ですか？
Cik kerja apa?
チッ クルジャ アパ
What's your occupation?

私は銀行員です
Saya pegawai bank.
サヤ プガワイ バン
I'm a bank officer.

教師 — guru / グル / teacher

美容師 — tukang gunting rambut / jurusolek / トゥカン グンティン ランブッ / ジュルソレッ / hair dresser / beautician

調理師 — tukang masak / トゥカン マサッ / chef

運転手 — drebar / ドレバル / driver

医師 — doktor / ドクトル / doctor

看護師 — jururawat / ジュルラワッ / nurse

店員 — pembantu kedai / プンバントゥ クダイ / shop assistant

ウェイター／ウェイトレス — pelayan restoran / プラヤン レストラン / waiter (waitress)

弁護士	会計士	秘書	記者
peguam	**akauntan**	**setiausaha**	**wartawan**
プグアム	アカウンタン	スティアウサハ	ワルタワン
lawyer	accountant	secretary	journalist

私は○○関係の仕事をしています
Saya bekerja di bidang ○○.
サヤ ブクルジャ ディ ビダン ○○
I'm in the ○○ sector.

ひとくちコラム
民族別職業
マレー系は公務員、中国系は食品製造業、インド系は農園労働者、建設業、両替商、運転手が多い。

金融	マスコミ
kewangan	**media massa**
クワンガン	メディア マサ
finance	mass media

IT	医療
IT	**perubatan**
アイティ	プルウバタン
IT	medical

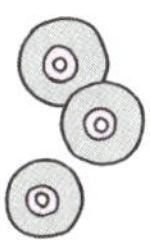

運輸	食品
pengangkutan	**pemakanan**
プンアンクタン	プマカナン
transportation	food industry

使える！ワードバンク 〈職業編〉

農家	petani	プタニ
漁師	nelayan	ヌラヤン
自営業	peniaga	プニアガ
経営者	usahawan	ウサハワン
機械工	mekanik	メカニッ
客室乗務員（男）	pramugara	プラムガラ
客室乗務員（女）	pramugari	プラムガリ
スポーツ選手	olahragawan	オララガワン
コンサルタント	perunding	プルンディン
ファッションデザイナー	pereka fesyen	プレカ フェシェン
エンジニア	jurutera	ジュルトゥラ
通訳	jurubahasa	ジュルバハサ

訪問しよう

Jomlah jalan-jalan ke rumah.
ジョムラ ジャランジャラン ク ルマ
You're welcome to visit my place.

今晩、私の家で一緒に食事をしませんか？
Jomlah makan di rumah saya malam ini.
ジョムラ マカン ディ ルマ サヤ マラム イニ
Let's have dinner at my place tonight.

うかがいます ★
Boleh jugak.
ボレ ジュガッ
I would love to.

時間がありません ★
Saya tak ada masa.
サヤ タッ アダ マサ
I have no time.

素敵なお宅ですね
Canggih betul rumah ini.
チャンギ ブゥトゥル ルマ イニ
What a nice house.

日本のおみやげです ➡P124
Ini buah tangan dari Jepun.
イニ ブア タガン ダリ ジュプン
Here are some gifts from Japan.

使える！ワードバンク　家庭編

テラス	teres	テレス
庭	laman	ラマン
階段	tangga	タンガ
台所	dapur	ダプル
流し台	sink	スィンク
冷蔵庫	peti ais	プティ アイス
電子レンジ	ketuhar gelombang mikro	クトゥハル グロンバン ミクロ
マットレス	tilam	ティラム
洗濯機	mesin basuh baju	ムシン バス バジュ
掃除機	pembersih vakum	プンブルスィ ヴァクム
写真	gambar	ガンバル
トイレットペーパー	kertas tandas	クルタス タンダス

ひとくちコラム
お宅訪問のマナー
イスラム教徒の家庭を訪問する時は、1日5回のお祈りの時間帯を避け、肌を露出する服装は控え、目上には敬意を払って接しましょう。マレーシアでは赤ちゃんをほめるのはタブー。マレー系は病気になると信じられており、中国系も赤ちゃんに聞こえるようにほめると反抗するという言い伝えがあるので、ほめるなら本人と特に田舎では離れたところで。インド系は特に田舎では赤ちゃんが嫉妬されて災いが起こることと恐れられている。

家の外観
bahagian luar rumah
バハギアン ルアル ルマ
appearance from outside

- 屋根 **atap** アタッ（プ） roof
- 窓 **tingkap** ティンカッ（プ） window
- ベランダ **beranda** ベランダ veranda
- 壁 **dinding** ディンディン wall
- 駐車場 **tempat letak kereta** テゥンパッ ルタッ クレタ parking space

★誘いを受けるならTerima kasih.（トゥリマ カスィ）「ありがとう」、断るならMaaf ya.（マアフ ヤ）「すみません」を添えると丁寧

遠慮しないでください
Jangan malu-malu.
ジャガン マルマル
Make yourself at home.

いっぱい食べてください
Makanlah sampai kenyang.
マカンラ サンパイ クニャン
Please eat as much as you like.

おかわりはいかがです？
Nak tambah lagi?
ナッ タンバ ラギ
Do you want a second helping?

はい、少しお願いします
Boleh jugak. Nak sikit lagi.
ボレ ジュガッ ナッ スィキッ ラギ
Yes. A bit more, please.

トイレに行きたいのですが
Saya nak ke bilik air.
サヤ ナック ビリッ アイル
I want to go to the rest room.

お腹がいっぱいです
Saya sudah kenyang.
サヤ スダ クニャン
I'm full.

ご招待ありがとうございました
Terima kasih jemput saya.
トゥリマ カスィ ジュンプッ サヤ
Thank you for inviting me.

そろそろ失礼します
Saya balik dulu.
サヤ バリッ ドゥル
I'm leaving.

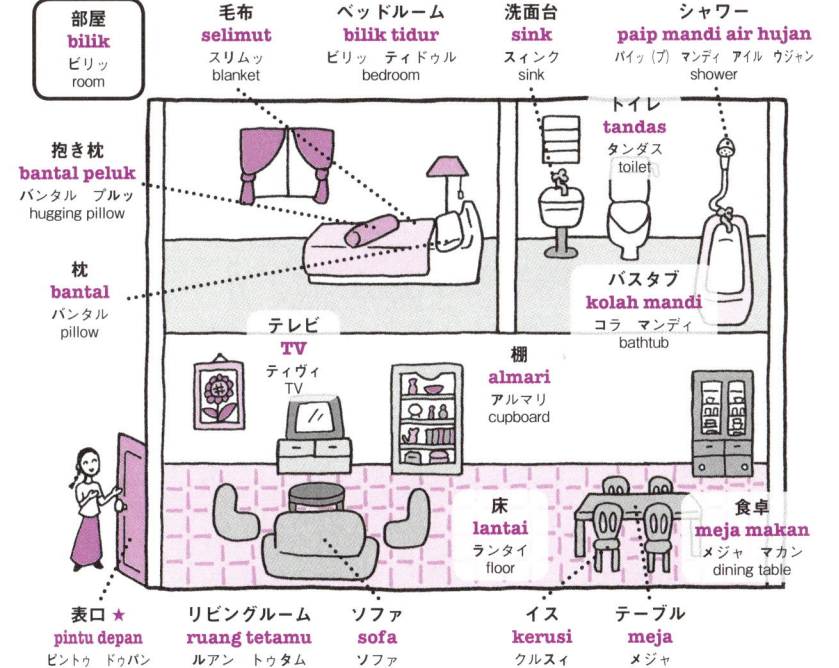

部屋 **bilik** ビリッ room

毛布 **selimut** スリムッ blanket

ベッドルーム **bilik tidur** ビリッ ティドゥル bedroom

洗面台 **sink** スィンク sink

シャワー **paip mandi air hujan** パイッ(プ) マンディ アイル ウジャン shower

抱き枕 **bantal peluk** バンタル プルッ hugging pillow

枕 **bantal** バンタル pillow

トイレ **tandas** タンダス toilet

バスタブ **kolah mandi** コラ マンディ bathtub

テレビ **TV** ティヴィ TV

棚 **almari** アルマリ cupboard

床 **lantai** ランタイ floor

食卓 **meja makan** メジャ マカン dining table

表口 ★ **pintu depan** ピントゥ ドゥパン front door

リビングルーム **ruang tetamu** ルアン トゥタム living room

ソファ **sofa** ソファ sofa

イス **kerusi** クルスィ chair

テーブル **meja** メジャ table

★マレーシア人の家には日本の家のような玄関はないので、ドアを開けると居間になっているのが一般的。家の中ではスリッパは使わない

自然、風景とふれあおう
Nikmatilah alam sekitar.
ニクマティラ アラム スキタル
Enjoying nature.

あの山の名前は何ですか？
Apa nama gunung itu?
アパ ナマ グヌン イトゥ
What is the name of that mountain?

キナバル山です
Gunung Kinabalu.
グヌン キナバル
Mt. Kinabalu.

今日はいいお天気ですね
Hari ini cuaca baik, ya.
ハリ イニ チュアチャ バイッ ヤ
Today, the weather is fine.

天気が悪い
cuaca buruk
チュアチャ ブルッ
bad weather

晴れ
cerah
チュラ
fine

雨
hujan
ウジャン
rainy

曇り
mendung
ムンドゥン
cloudy

暑い
panas
パナス
hot

寒い
sejuk
スジュッ
cold

太陽 **matahari** マタハリ sun

空 **langit** ランギッ sky

虹 **pelangi** プランギ rainbow

雲 **awan** アワン cloud

畑 **kebun** クブン farm

馬 **kuda** クダ horse

チョウ **kupu-kupu** クプクプ butterfly

川 **sungai** スガイ river

蜂 **lebah** ルバ bee

木 **pokok** ポコッ tree

サル **monyet** モニェッ monkey

ニワトリ **ayam** アヤム fowl

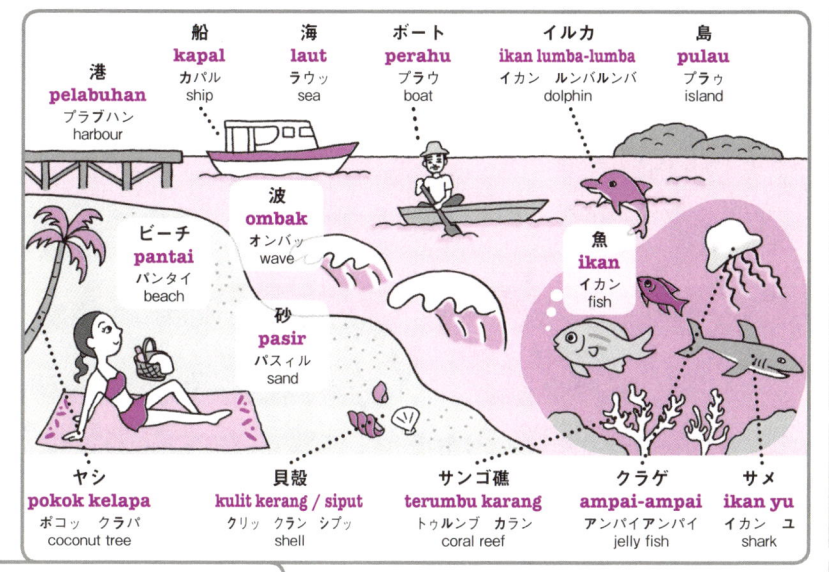

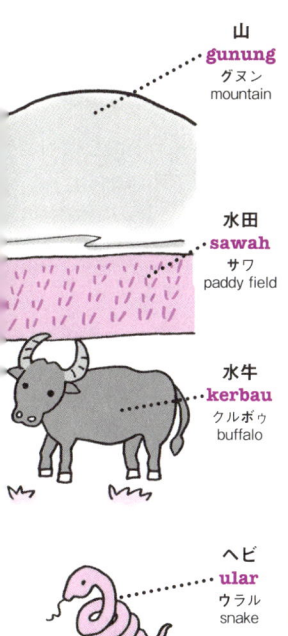

港	pelabuhan	プラブハン	harbour
船	kapal	カパル	ship
海	laut	ラウッ	sea
ボート	perahu	プラウ	boat
イルカ	ikan lumba-lumba	イカン ルンバルンバ	dolphin
島	pulau	プラウ	island
波	ombak	オンバッ	wave
ビーチ	pantai	パンタイ	beach
砂	pasir	パスィル	sand
魚	ikan	イカン	fish
ヤシ	pokok kelapa	ポコッ クラパ	coconut tree
貝殻	kulit kerang / siput	クリッ クラン シプッ	shell
サンゴ礁	terumbu karang	トゥルンブ カラン	coral reef
クラゲ	ampai-ampai	アンパイアンパイ	jelly fish
サメ	ikan yu	イカン ユ	shark
山	gunung	グヌン	mountain
水田	sawah	サワ	paddy field
水牛	kerbau	クルボゥ	buffalo
ヘビ	ular	ウラル	snake

使える!ワードバンク 自然・動植物編

月	bulan	ブラン
星	bintang	ビンタン
霧	kabus	カブス
雷	petir	プティル
地震	gempa bumi	グンパ ブミ
火山	gunung berapi	グヌン ブルアピ
石	batu	バトゥ
泥	lumpur	ルンプル
犬	anjing	アンジン
猫	kucing	クチン
豚	babi	バビ
カエル	katak	カタッ
ヤモリ	cicak	チチャッ
蚊	nyamuk	ニャムッ
ハエ	lalat	ララッ
蜘蛛	labah-labah	ラバババ
花	bunga	ブガ
バラ	bunga mawar	ブガ マワル
ラン	bunga anggerik	ブガ アングレッ
ハイビスカス	bunga raya	ブガ ラヤ
ブーゲンビリア	bunga kertas	ブガ クルタス

疑問詞、助動詞、動詞

Kata Tanya, Kata Bantu, Kata Kerja
カタ タニャ カタ バントゥ カタ クルジャ
Interrogative, Auxiliary Verb, Verb

明日、時間がありますか？よかったら、KLを散策しませんか？
Esok, ada masa, tak? Jomlah jalan-jalan di KL.
エソッ アダ マサ タッ ジョムラ ジャランジャラン ディ ケィエル
Are you free tomorrow? Let's take a walk around KL.

行けません ★
Saya tak dapat pergi.
サヤ タッ ダパッ プルギ
I can't go.

いいですよ、いつどこで会いますか？
OK, jumpa kat mana, pukul berapa?
オウケイ ジュンパ カッ マナ プクル ブラパ
All right. What time shall we meet? Where shall we meet?

10時に○○ホテルで待っています
Saya tunggu cik di Hotel ○○ pukul 10.00, ya.
サヤ トゥング チッ ディ ホテル○○ プクル スプル ヤ
I'll meet you at ○○ Hotel at 10.00.

遅れるかもしれません
Mungkin saya terlambat.
ムンキン サヤ トゥルランバッ
Perhaps I might be late.

わかりました
Baiklah.
バイッラ
All right.

あなたが遅れる場合は、私の携帯に電話をください
Kalau cik terlambat, tolong telefon telefon bimbit saya.
カロウ チッ トゥルランバッ トロン テレフォン テレフォン ビンビッ サヤ
If you're going to be late, please call my mobile.

いくら？/いくつ？	いつ？	どこで？/どこに？
Berapa? ブラパ How much? / How many?	**Bila?** ビラ When?	**Di mana?** ディ マナ Where?

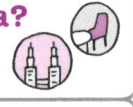

だれ？	なに（を）？	なぜ？
Siapa? スィアパ Who?	**Apa?** アパ What?	**Kenapa?** クナパ Why?

どうやって？	どこへ？	どれ？
Bagaimana? バガイマナ How?	**Ke mana?** ク マナ Where ~ to?	**Yang mana?** ヤン マナ Which one?

★誘いを断るなら、Maaf ya.（マアフ ヤ）「すみません」を添えると丁寧

食べる	makan	マカン	eat
飲む	minum	ミヌム	drink
買う	beli	ブリ	buy
泊まる	bermalam	ブルマラム	stay
行く	pergi	プルギ	go
来る	datang	ダタン	come
乗る	naik	ナイッ	get on
降りる	turun	トゥルン	get off
見る	lihat	リハッ	see
探す	cari	チャリ	looking for
座る	duduk	ドゥドゥッ	sit down
立つ	berdiri	ブルディリ	stand up
話す	berbual	ブルブアル	chat
聞く	dengar	ドゥガル	listen
選ぶ	pilih	ピリ	choose
遊ぶ	bermain	ブルマイン	play
目覚める	bangun	バグン	wake up
寝る	tidur	ティドゥル	sleep
歩く	jalan	ジャラン	walk
停まる/止まる	berhenti	ブルエンティ	stop
入る	masuk	マスッ	go in
出る	keluar	クルアル	go out
もらう	dapat	ダパッ	receive
あげる	beri	ブリ	give
書く	tulis	トゥリス	write
読む	baca	バチャ	read
押す	tolak	トラッ	push
引く	tarik	タリッ	pull
走る	lari	ラリ	run
休憩する	rehat	レハッ	rest

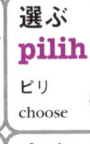

使える！ワードバンク 基本フレーズ編

～してください	Tolong ~.	トロン
～してもいいですか？	Boleh, tak saya ~	ボレ タッ サヤ
～をしたいのですが	Saya nak ~.	サヤ ナッ
～しなくてはいけません	Saya mesti ~.	サヤ ムスティ
もう○○した	Sudah ○○.	スダ ○○
まだ○○してない	Belum ○○ lagi.	ブルム ○○ラギ
まだ○○している	Masih ○○ lagi.	マスィ ○○ラギ

はじめよう / 歩こう / 食べよう / 買おう / 極めよう / 伝えよう / 日本の紹介

形容詞、感情表現

Kata Sifat, Ekspresi Perasaan
カタ スィファッ エクスプレスィ プラサアン
Adjective, Express one's feeling

とっても○○です
○○ *betul.*
○○ ブトゥル
Very ○○.

それほど○○ではありません
Tidak berapa ○○.
ティダッ ブラパ ○○
Not so ○○.

高い **mahal** マハル expensive	↔	安い **murah** ムラ cheap

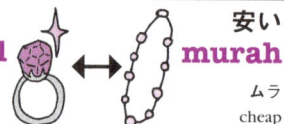

暑い/熱い **panas** パナス hot	↔	寒い/冷たい **sejuk** スジュッ cold

多 **banyak** バニャッ a lot	↔	少ない **sedikit** スディキッ a little

新しい **baru** バル new	↔	古い **buruk** ブルッ old

広い **luas** ルアス wide	↔	狭い **sempit** スンピッ narrow

長い **panjang** パンジャン long	↔	短い **pendek** ペンデッ short

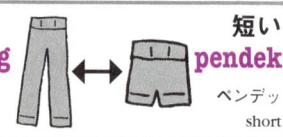

高い **tinggi** ティンギ tall / high	↔	低い **rendah** ルンダ short / low

重い **berat** ブラッ heavy	↔	軽い **ringan** リガン light

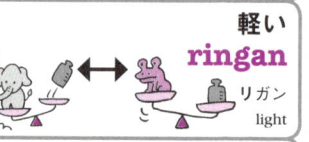

遠い **jauh** ジャウ far	↔	近い **dekat** ドゥカッ near

早い **cepat** チュパッ fast	↔	遅い **lambat** ランバッ slow

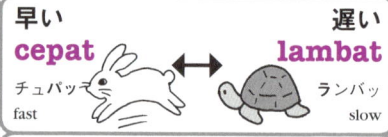

静かな **sunyi** スニ quiet	↔	うるさい **bising** ビシン noisy

難しい **susah** スサ difficult	↔	簡単な **senang** スナン easy

よい **baik** バイッ good	↔	悪い **jahat** ジャハッ bad

正しい **betul** ブトゥル right	↔	誤った **salah** サラ wrong

ひとくちコラム

マレーシア人気質
宗教と家族を大切にするマレー系は運を天に任せ、お金と食べ物に関心がある中国系はビジネスに熱心で、宗教を重視するインド系は口がうまい。

楽しい gembira / グンビラ / happy

寂しい kesunyian / クスニアン / lonely

悲しい sedih / スディ / sad

恋しい rindu / リンドゥ / missing someone

面白い menarik / ムナリッ / interesting

大変だ teruk / トゥルッ / terrible

退屈だ bosan / ボサン / bored

疲れた penat / プナッ / tired

(景色などが)きれい indah / インダ / lovely

(人や物が)きれい cantik / チャンティッ / beautiful

かわいい comel / チョメル / cute

かっこいい canggih / チャンギ / cool

ハンサム kacak / カチャッ / handsome

残念！ Sayang! / サヤン / Too bad!

変だ Pelik. / プリッ / Strange.

えっ？ Aaa. / アア / What's wrong?

どうしよう Macam mana ni. / マチャム マナ ニ / What's the best thing to do?

やった〜！ Yappedappedu! / ヤペダペドゥ / Hurray!

すごい！ Hebat! / ヘバッ / Great!

香りのいい wangi / ワンギ / good smell
くさい busuk / ブスッ / bad smell  

強い kuat / クアッ / strong  
弱い lemah / ルマ / weak

明るい terang / トゥラン / bright
暗い gelap / グラッ（プ） / dark

使える！ワードバンク 形容詞編

暖かい	panas	パナス
涼しい	sejuk	スジュッ
深い	dalam	ダラム
浅い	cetek	チェテッ
老いた	tua	トゥア
若い	muda	ムダ
清潔な	bersih	ブルスィ
汚い	kotor	コトル
太ってる	gemuk	グムッ
やせてる	kurus	クルス
頭のいい	pandai	パンダイ
無知な	bodoh	ボド

体、体調
Badan, Keadaan Badan
バダン クアダアン バダン
Body, Condition of the Body

○○が痛みます
○○ *saya sakit.*
○○ サヤ サキッ
My ○○ is painful.

○○にケガをしました
○○ *saya cedera.*
○○ サヤ チュドゥラ
My ○○ hurts.

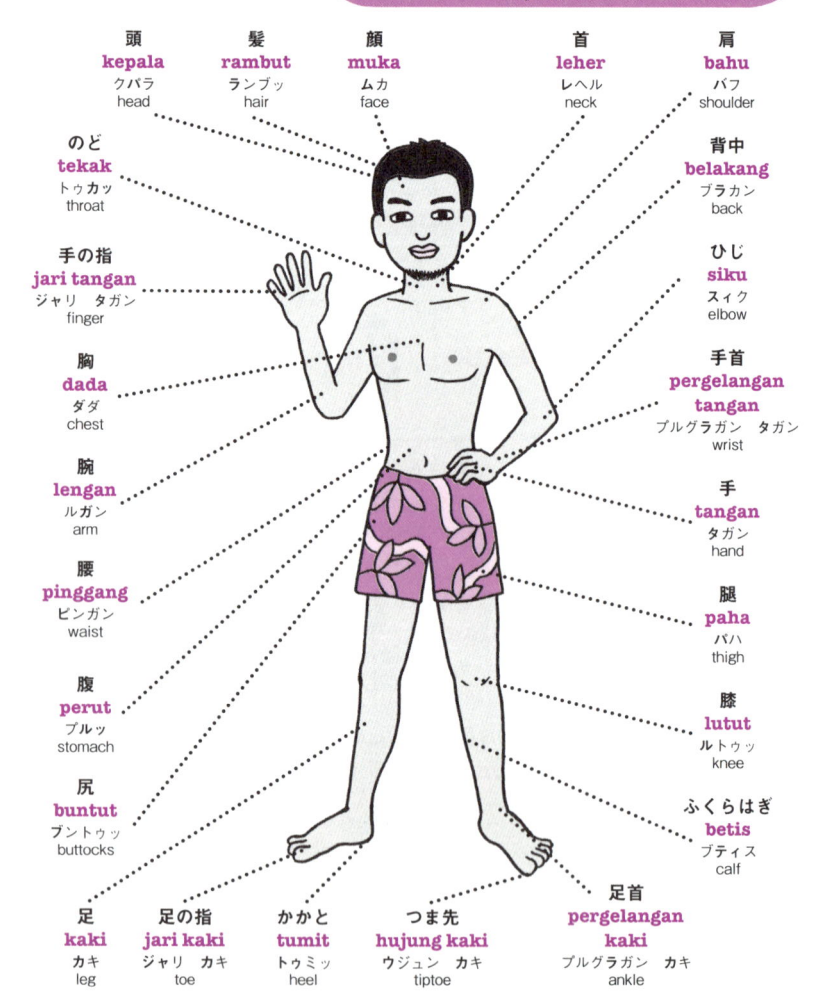

頭
kepala
クパラ
head

髪
rambut
ランブッ
hair

顔
muka
ムカ
face

首
leher
レヘル
neck

肩
bahu
バフ
shoulder

のど
tekak
トゥカッ
throat

背中
belakang
ブラカン
back

手の指
jari tangan
ジャリ タガン
finger

ひじ
siku
スィク
elbow

胸
dada
ダダ
chest

手首
pergelangan tangan
プルグラガン タガン
wrist

腕
lengan
ルガン
arm

手
tangan
タガン
hand

腰
pinggang
ピンガン
waist

腿
paha
パハ
thigh

腹
perut
プルッ
stomach

膝
lutut
ルトゥッ
knee

尻
buntut
ブントゥッ
buttocks

ふくらはぎ
betis
ブティス
calf

足
kaki
カキ
leg

足の指
jari kaki
ジャリ カキ
toe

かかと
tumit
トゥミッ
heel

つま先
hujung kaki
ウジュン カキ
tiptoe

足首
pergelangan kaki
プルグラガン カキ
ankle

顔・体の部位

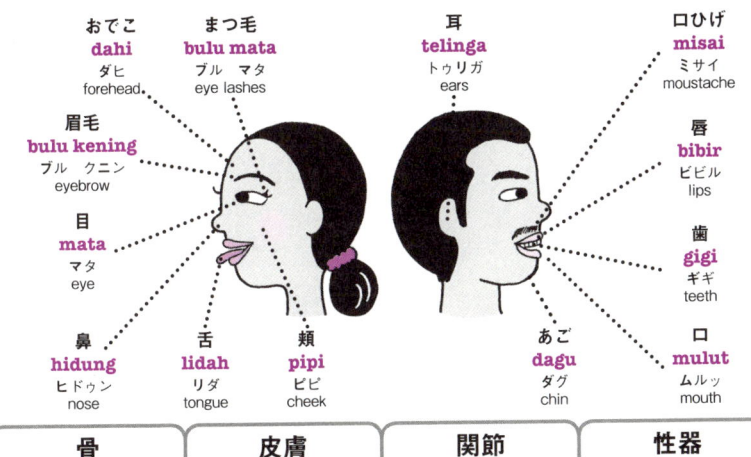

日本語	インドネシア語	カタカナ	English
おでこ	dahi	ダヒ	forehead
まつ毛	bulu mata	ブル マタ	eye lashes
耳	telinga	トゥリガ	ears
口ひげ	misai	ミサイ	moustache
眉毛	bulu kening	ブル クニン	eyebrow
唇	bibir	ビビル	lips
目	mata	マタ	eye
歯	gigi	ギギ	teeth
鼻	hidung	ヒドゥン	nose
舌	lidah	リダ	tongue
頬	pipi	ピピ	cheek
あご	dagu	ダグ	chin
口	mulut	ムルッ	mouth

骨	皮膚	関節	性器
tulang	**kulit**	**sendi**	**alat kemaluan**
トゥラン	クリッ	スンディ	アラッ クマルアン
bone	skin	joint	genitals

肛門	みぞおち	頭蓋骨	へそ
dubur	**ulu hati**	**tengkorak**	**pusat**
ドゥブル	ウル ハティ	トゥンコラッ	プサッ
anus	pit of the stomach	skull bone	navel

全身	上半身	下半身
seluruh badan	**bahagian atas badan**	**bahagian bawah badan**
スルル バダン	バハギアン アタス バダン	バハギアン バワ バダン
whole body	upper body	lower body

手の部位

日本語	インドネシア語	カタカナ	English
小指	jari kelingking	ジャリ クリンキン	little finger
薬指	jari manis	ジャリ マニス	ring finger
中指	jari hantu	ジャリ ハントゥ	middle finger
人差し指	jari telunjuk	ジャリ トゥルンジュッ	index finger
爪	kuku	クク	nail
親指	ibu jari	イブ ジャリ	thumb
左手	tangan kiri	タガン キリ	left hand
手のひら	telapak tangan	トゥラパッ タガン	palm
右手	tangan kanan	タガン カナン	right hand

使える！ワードバンク　内臓編

日本語	インドネシア語	カタカナ
脳	otak	オタッ
心臓	jantung	ジャントゥン
肺	paru-paru	パルパル
胃	perut	プルッ
肝臓	hati	ハティ
小腸	usus kecil	ウスス クチル
大腸	usus besar	ウスス ブサル
盲腸	apendiks	アペンディクス
腎臓	buah pinggang	ブア ピンガン
すい臓	pankreas	パンクレアス
食道	kerongkong	クロンコン
筋肉	otot	オトッ

病気、ケガ
Penyakit, Cedera
プニャキッ チュドゥラ
Sickness, Injuries

病院に連れて行ってください ★
Tolong hantar saya ke hospital.
トロン ハンタル サヤ ク ホスピタル
Please bring me to the hospital.

（指を指して）ここが痛いです
Kat sini sakit.
カッ スィニ サキッ
It is painful, here.

下痢をしています
Saya cirit-birit.
サヤ チリッビリッ
I've a diarrhea.

熱があります
Saya demam.
サヤ ドゥマム
I've a fever.

吐き気がします
Saya rasa nak muntah.
サヤ ラサ ナッ ムンタ
I feel like vomiting.

寒気がします
Saya rasa sejuk.
サヤ ラサ スジュッ
I feel cold.

風邪 **masuk angin** マスック アギン catch a cold	食あたり **keracunan makanan** クラチュナン マカナン food poisoning	腸チフス **tifus abdomen** ティフス アブドメン abdominal typhus

コレラ **taun** タウン cholera	肺炎 **bronkitis** ブロンキティス bronchitis	やけど **melecuh** ムルチュ burn	発疹 **beruam** ブルアム rashes

ねんざ **terseliur** トゥルスリウル twisted / sprained	骨折 **patah tulang** パタ トゥラン broken bone	脱水症状 **penyahhidratan** プニャヒドゥラタン dehydration symptom

アレルギー **alahan** アラハン allergy	海外旅行保険に入ってます **Saya ada insuran perjalanan.** サヤ アダ インスラン プルジャラナン I have travelling insurance.

妊娠中 **mengandung** ムガンドゥン pregnant	高血圧 **tekanan darah tinggi** トゥカナン ダラ ティンギ high blood pressure

★都市部では衛生環境はよく、医療水準も高い。クアラルンプールやペナン島には日本語の通じる病院もある

日本語（英語）のできる医者はいますか？
Ada, tak doktor yang pandai berbahasa Jepun (Inggeris)?
アダ タッ ドクトゥル ヤン パンダイ ブルバハサ ジュプン イングリス
Is there a doctor who can speak Japanese (English)?

どうしましたか？
Kenapa ini?
クナパ イニ
What's wrong?

あなたのお腹を見せてください
Biar saya periksa perut cik.
ビアル サヤ プリクサ プルッ チッ
Let me examine your stomach.

処方箋を出します
Saya akan sediakan preskripsinya.
サヤ アカン スディアカン プレスクリプスィニャ
I'll prepare the prescription.

注射 — suntikan — スンティカン — injection

点滴 — infus — インフス — drip infusion

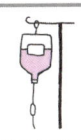

湿布 — koyok — コヨッ — medicinal plaster

風邪薬 — ubat masuk angin — ウバッ マスッ アギン — medicine for fever

解熱剤 — ubat mengurangkan panas — ウバッ ムグランカン パナス — medicine to reduce body temperature

下痢止めの薬 — antidiarea — アンティダエリア — antidiarrhoea

抗生物質 — antibiotik — アンティビオテッ — antibiotic

入院 — masuk hospital — マスッ ホスピタル — hospitalized

薬は1日何回飲むのですか？
Satu hari berapa kali minum ubat?
サトゥ ハリ ブラパ カリ ミヌム ウバッ
How many times should I take this medicine?

薬局 — dispenseri — ディスペンセリ — dispensary

食前 ★ — sebelum makan — スブルム マカン — before meal

服用する — minum ubat — ミヌム ウバッ — take medicine

使える！ワードバンク 〈病院編〉

病院	hospital	ホスピタル
医師	doktor	ドクトゥル
看護士	jururawat	ジュルラワッ
尿検査	pemeriksaan air kencing	プムリッサアン アイル クンチン
検便	pemeriksaan najis	プムリッサアン ナジス
レントゲン検査	pemeriksaan X-ray	プムリッサアン エクスレイ

★食間はantara waktu makan（アンタラ ワクトゥ マカン）、食後はselepas makan（スルパス マカン）

事故、トラブル

Kemalangan, Kesusahan
クマラガン クスサハン
Accident, Troubles

お金を盗まれました
Wang saya kena curi.
ワン サヤ クナ チュリ
My money was stolen.

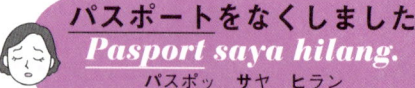

パスポートをなくしました
Pasport saya hilang.
パスポッ サヤ ヒラン
I lost my passport.

財布 **dompet** ドンペッ wallet	クレジットカード **kad kredit** カッ クレディッ credit card

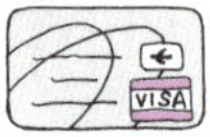

カメラ **kamera** カメラ camera	ビデオカメラ **kamera video** カメラ ヴィディオ video camera	荷物 **barang** バラン luggage

航空券 **tiket kapal terbang** ティケッ カパル トゥルバン air ticket	スーツケース **beg pakaian** ベッ パカイアン luggage bag

警察（救急車/医者）を呼んでください
Tolong panggil polis (ambulan/doktor).
トロン パンギル ポリス（アンブラン/ドクトゥル）
Please call the police (ambulance/doctor).

事故証明書を作成してください
Tolong buat surat pengakuan terhadap kemalangan.
トロン ブアッ スラッ プンアクアン トゥルハダッ（プ） クマラガン
Please write a declaration letter plea of guilty to the accident.

日本語（英語）が話せる方はいませんか？
Ada, tak sesiapa yang boleh berbahasa Jepun (Inggeris)?
アダ タッ ススィアパ ヤン ボレ ブルバハサ ジュプン イングリス
Is there anybody who can speak Japanese (English)?

日本大使館に連絡したいのですが
Saya nak hubungi Kedutaan Jepun.
サヤ ナッ フブンギ クドゥタアン ジュプン
I want to get in touch with Japanese Embassy.

★警察と救急の緊急連絡先は、TEL：999（マレーシア全国共通）

車にはねられました
Saya kena langgar kereta.
サヤ クナ ランガル クレタ
I was knocked down by a car.

スリ
kena seluk saku
クナ スルッ サク
was pickpocketed

ひったくり
kena ragut
クナ ラグッ
was snatched

痴漢
kena raba
ケナ ラバ
was molested

なぐられた
kena pukul
クナ プクル
was knocked

レイプされた
kena rogol
クナ ロゴル
was raped

だまされた
kena tipu
クナ ティプ
was cheated

雨
kena kujan
クナ ウジャン
was caught in the rain

弁償してください
Tolong bayar ganti rugi.
トロン バヤル ガンティ ルギ
I want to be compensated.

交通事故に遭いました
Saya terlibat dalam kemalangan.
サヤ トゥルリバッ ダラム クマラガン
I'm involved in a traffic accident.

私は悪くありません
Saya tak bersalah.
サヤ タッ ブルサラ
I'm not wrong.

すみませんが、電話を貸してもらえますか？
Boleh pinjam telefon, tak?
ボレ ピンジャム テレフォン タッ
Can I use your phone?

火事
kebakaran
クバカラン
fire

洪水
banjir
バンジル
flood

交通渋滞
kesesakan lalu lintas
クスサカン ラル リンタス
traffic jam

緊急フレーズ

助けて！
Tolong!
トロン
Help!

やめて！
Jangan buat lagi!
ジャガン ブアッ ラギ
Stop it!

危ない！
Bahaya!
バハヤ
Danger!

離して！
Lepaskan!
ルパスカン
Let go!

出て行け！
Berambus!
ブランブス
Get out!

かまわないで！
Jangan ganggu!
ジャガン ガング
Don't disturb!

要りません！
Tak mahu!
タッ マウ
I don't want it.

捕まえて！
Tangkap dia!
タンカッ(プ) ディア
Catch him!

ドロボウ！
Pencuri!
プンチュリ
Thief!

column 〜マレーシア語マスターへの道〜

異なる民族が共存する コミュニティ

あなたのお知り合いは何系？

マレーシアは、三大民族が共存する多民族国家（→P12）。マレー系、中国系、インド系の各民族がそれぞれの言語、宗教、文化、慣習をもち、他の民族を尊重しつつも独自スタイルで暮らしている。

マレー系民族

1日5回の礼拝、イスラム暦9月に行われる1カ月の断食、教義で禁止されたもの（ハラム）を食べないなど、イスラム教の教義に基づいた生活をしている。

人前で肌を見せるのは好ましくないとされるので、マレー系の人々と接する際には肌を露出する服装は避けよう。男女関係にも厳しい決まりがあり、婚姻関係のない男女が2人きりで家にいることは許されない。宗教警察に見つかると現行犯逮捕され、罰金刑を科せられるだけでなく、2人の住所、氏名、さらには両親の住所、氏名までもが新聞に公表されてしまう。

中国系民族

仏教徒、儒教徒のほかキリスト教徒も多い中国系には宗教による制約はあまりない。そのため、比較的自由に他国文化やその時々の流行を取り入れた生活をしている。家族や親族などの血縁をとても大切にし、妻よりも親、兄弟を優先する傾向があるため、家族のみならず、一族そろっての会食もよく目にする光景だ。また、普段から中国系の人々はまとまって行動することも多い。食べることも好きで、宗教による食べ物の制約（豚肉を禁じるイスラム教、牛肉を禁じるヒンドゥー教）のあるマレー系、インド系の人たちと気軽に食事をすることが難しいという理由もあるのだろう。ちなみに、全民族が一緒に参加するパーティなどでは、中国料理であってもハラル（→P59）の鶏肉だけが使われる。

インド系民族

ヒンドゥー教徒が多いインド系の人々は、マレー系中心の社会を柔軟に受け入れつつも自分たちの文化を守っている。カースト制にこだわる人も多いので、肌の色に関する話題は避けたほうがいいだろう。

やっぱりマレーシア人

民族、宗教は違っても、マレーシア人全般にあてはまることも多い。

注意したいのは、左手はトイレで用を足すための不浄の手であること。物の受け渡しには必ず右手を使う。

初対面の相手にもフレンドリーで、笑顔で気軽に話しかけてくるのは全民族共通。挨拶は「こんにちは」よりも「ご飯食べた？」が一般的で、「何歳？」「家賃はいくら？」など、プライベートなことでも平気で聞いてくる。時間の感覚がおおらかなこともマレーシア人の特徴。多少待たされても、イライラしたり怒ったりしないように。マレーシア流の時の流れに身を任せることだ。

私の国を紹介します

日本の紹介

日本の地理	112
日本の一年	114
日本の文化	116
日本の家族	118
日本の料理	120
日本の生活	122
〈コラム〉コミュニケーションのツボ	124

日本の地理

Jepun dari sudut geografi
Geography in Japan

日本列島は4つの大きな島(北海道、本州、四国、九州)と大小約7000もの島々から成り立っている。

Kepulauan Jepun terdiri daripada 4 pulau besar (Hokkaido, Honshu, Shikoku, Kyushu) dan terdapat lebih kurang 7 ribu pulau kecil.

私は〇〇で生まれました。
Saya dilahirkan di 〇〇.
サヤ ディラヒルカン ディ 〇〇
I was born in 〇〇.

日本の山 高さベスト3　3 Gunung tertinggi di Jepun

1	富士山	3,776m	Gunung Fuji 3 776 m
2	北岳	3,192m	Gunung Kitadake 3 192 m
3	奥穂高岳	3,190m	Gunung Okuhodakadake 3 190 m

三名城　3 Istana termasyhur di Jepun

姫路城(兵庫)	Istana Himeji (Hyogo)
松本城(長野)	Istana Matsumoto (Nagano)
熊本城(熊本)	Istana Kumamoto (Kumamoto)

日本三景　3 Pemandangan menarik di Jepun

天橋立(京都)	Amanohashidate (Kyoto)
厳島神社(広島)	Kuil Syinto Itsukushima (Hiroshima)
松島(宮城)	Matsushima (Miyagi)

中国 Chugoku
九州 Kyushu
沖縄 Okinawa
四国 Shikoku
近畿 Kinki

滋賀 Shiga
石川 Ishikawa
京都 Kyoto
福井 Fukui
島根 Shimane
鳥取 Tottori
岐阜 Gifu
佐賀 Saga
山口 Yamaguchi
岡山 Okayama
兵庫 Hyogo
福岡 Fukuoka
広島 Hiroshima
大阪 Osaka
長崎 Nagasaki
大分 Oita
愛媛 Ehime
香川 Kagawa
熊本 Kumamoto
徳島 Tokushima
愛知 Aichi
高知 Kochi
宮崎 Miyazaki
和歌山 Wakayama
鹿児島 Kagoshima
三重 Mie
奈良 Nara

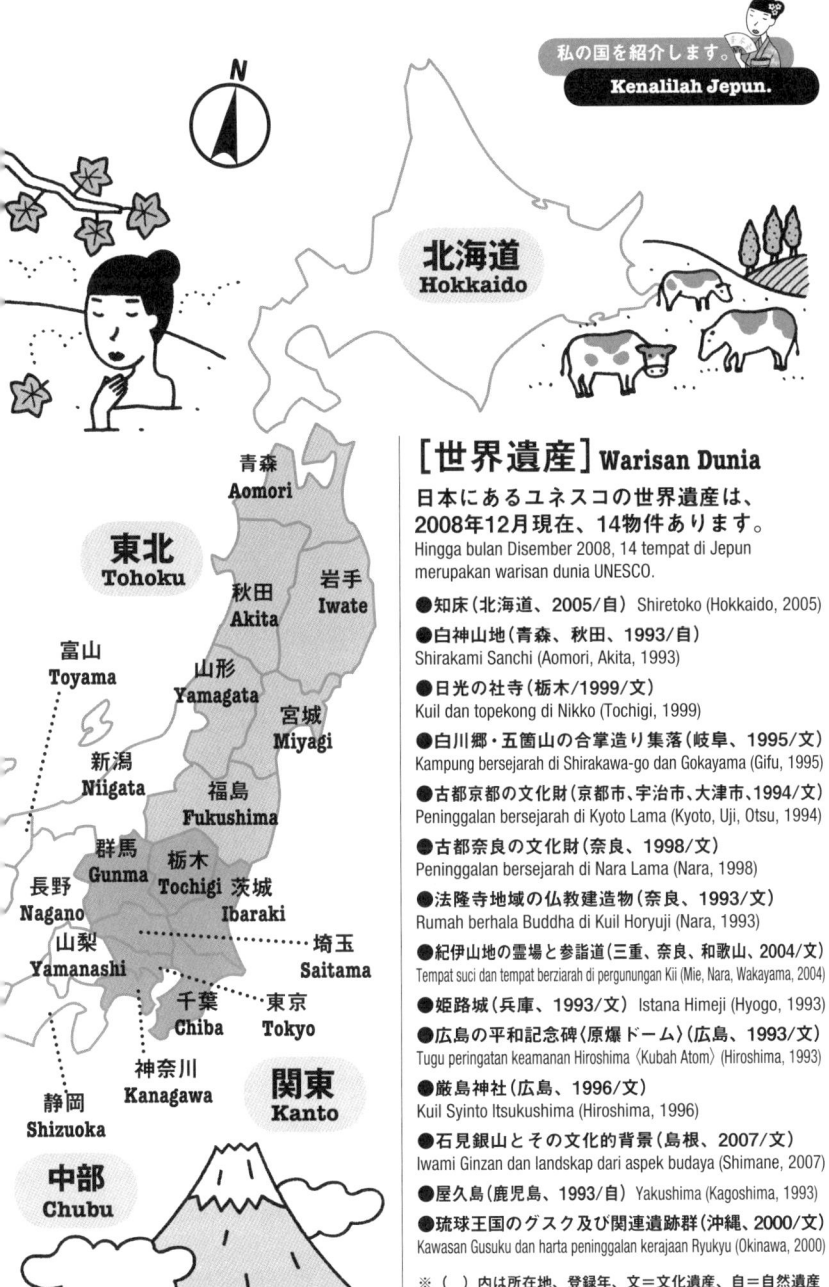

私の国を紹介します。
Kenalilah Jepun.

[世界遺産] Warisan Dunia

日本にあるユネスコの世界遺産は、
2008年12月現在、14物件あります。
Hingga bulan Disember 2008, 14 tempat di Jepun merupakan warisan dunia UNESCO.

●知床（北海道、2005/自） Shiretoko (Hokkaido, 2005)

●白神山地（青森、秋田、1993/自）
Shirakami Sanchi (Aomori, Akita, 1993)

●日光の社寺（栃木/1999/文）
Kuil dan topekong di Nikko (Tochigi, 1999)

●白川郷・五箇山の合掌造り集落（岐阜、1995/文）
Kampung bersejarah di Shirakawa-go dan Gokayama (Gifu, 1995)

●古都京都の文化財（京都市、宇治市、大津市、1994/文）
Peninggalan bersejarah di Kyoto Lama (Kyoto, Uji, Otsu, 1994)

●古都奈良の文化財（奈良、1998/文）
Peninggalan bersejarah di Nara Lama (Nara, 1998)

●法隆寺地域の仏教建造物（奈良、1993/文）
Rumah berhala Buddha di Kuil Horyuji (Nara, 1993)

●紀伊山地の霊場と参詣道（三重、奈良、和歌山、2004/文）
Tempat suci dan tempat berziarah di pergunungan Kii (Mie, Nara, Wakayama, 2004)

●姫路城（兵庫、1993/文） Istana Himeji (Hyogo, 1993)

●広島の平和記念碑〈原爆ドーム〉（広島、1993/文）
Tugu peringatan keamanan Hiroshima 〈Kubah Atom〉 (Hiroshima, 1993)

●厳島神社（広島、1996/文）
Kuil Syinto Itsukushima (Hiroshima, 1996)

●石見銀山とその文化的背景（島根、2007/文）
Iwami Ginzan dan landskap dari aspek budaya (Shimane, 2007)

●屋久島（鹿児島、1993/自） Yakushima (Kagoshima, 1993)

●琉球王国のグスク及び関連遺跡群（沖縄、2000/文）
Kawasan Gusuku dan harta peninggalan kerajaan Ryukyu (Okinawa, 2000)

※（ ）内は所在地、登録年、文＝文化遺産、自＝自然遺産

日本の一年

Kalendar Jepun.
One year of Japan

日本には4つの季節"四季（Shiki）"があり、それぞれの季節とその移り変わりを楽しむ行事がある。

Jepun ada 4 musim (shiki). Setiap perubahan musim disambut dengan pelbagai acara menarik.

日本は、今○○の季節です。
Sekarang musim ○○ di Jepun.
スカラン　ムスィム　○○　ディ　ジュプン
It is now ○○ in Japan.

[七夕(7月7日)]

Tanabata (7hb Julai)

中国の伝説から始まった行事。折り紙や色紙で笹を飾り付け、家の庭などにたてる風習が残っている。また、願いごとを書いた紙を笹に飾ると願いが叶う、といわれている。

Perayaan Tanabata berasal dari legenda cina. Dipercayai permintaan dan harapan yang ditulis pada kertas berwarna dan digantung pada dahan pohon di halaman rumah akan terkabul.

[端午の節句(5月5日)]

Tango no sekku (5hb Mei)

男児の健やかな成長と幸せを願う祝日。男児がいる家庭では、鯉のぼりを揚げ、武者人形や鎧兜を飾る。

Perayaan untuk kanak-kanak lelaki agar mereka sihat sejahtera. Keluarga yang ada anak lelaki menghiasi rumah mereka dengan koinobori (bendera ikan koi), musha ningyo (patung samurai) dan yoroi kabuto (baju perang).

[花見] Hanami

桜の満開時期になると、職場仲間や友人、家族で公園などに出かけ、桜の木の下で食事をしたり、酒を飲んだりする。

Apabila bunga sakura mekar, ramai orang berkunjung ke taman bersama rakan sekerja, sahabat dan keluarga, makan dan minum sake di bawah pohon sakura, menikmati keindahan musim bunga.

月	
8月 Ogos	
7月 Julai	夏 Musim panas
6月 Jun	
5月 Mei	春 Musim bunga
4月 April	
3月 Mac	

[ひな祭り(3月3日)]

Hina Matsuri (3hb Mac)

女児の健やかな成長と幸運を願う事。ひな人形を飾り、桃の花や白酒、ひし餅、ひなあられを供える。

Keluarga ada anak perempuan sambut perayaan hina agar anak mereka sihat bahagia. Hina ningyo dipamerkan, sake putih, kuih mochi dan kuih hina ju dihidangkan.

私の国を紹介します。
Kenalilah Jepun.

[盆] Bon

7月13～15日、または8月13～15日に帰ってくる祖先の霊を迎えて慰めるため、さまざまな行事を行う。都会に住む人も故郷に帰って、墓に花を供えるなどして祖先の霊を供養する。

Pelbagai acara diadakan pada 13hb-15hb Julai atau 13hb-15hb Ogos. Dipercayai roh nenek moyang pulang ke rumah waktu ini. Orang di bandar balik ke kampung menziarahi kubur dan berdoa agar roh nenek moyang tenang dan bahagia.

[月見(9月中旬)]
Tsukimi (Pertengahan September)

月を鑑賞する行事を月見という。9月中旬頃の満月を特に「十五夜」とよび、月見だんごや果物、秋の七草を供える。

Tsukimi, amalan tengok bulan pada malam bulan penuh, pertengahan September (jugoya). Kuih tsukimi dango, buah dan 7 tanaman musim gugur dihidangkan.

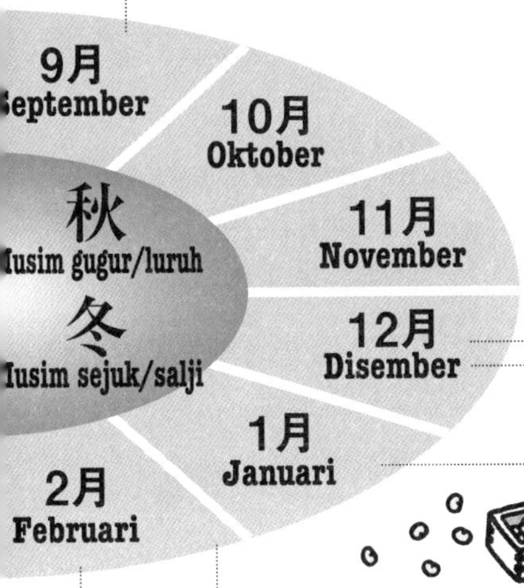

[クリスマス(12月25日)]
Hari Krismas/Natal (25hb Disember)

日本ではクリスマスは宗教色が薄く、家族や友人、恋人達が絆を確かめあう行事であることが多い。

Hari Krismas tidak begitu terikat dengan agama di Jepun tetapi lebih untuk merapatkan ikatan keluarga, sahabat dan orang yang dikasihi.

[大晦日(12月31日)]
Omisoka (31hb Disember)

大晦日の夜には、家族揃ってテレビで歌番組を見てすごす。また、そばを食べることによって、健康と長寿を願う。

Malam Tahun Baru, keluarga terdekat berkumpul, menonton rancangan muzik di TV. Makan soba pada malam itu dipercayai panjang umur dan sejahtera.

9月 September
10月 Oktober
11月 November
12月 Disember
1月 Januari
2月 Februari

秋 Musim gugur/luruh
冬 Musim sejuk/salji

[正月] Shogatsu (1hb Januari)

1年の最初の月のことだが、1月1～7日を指すことが多い。古来より、正月の行事は盆とともに重要なものとされている。

Shogatsu bererti bulan pertama dalam setahun. Pada amnya, 1hb hingga 7hb sahaja. Sejak dulu, Shogatsu seperti Bon merupakan perayaan penting.

[節分(2月3日)]
Setsubun (3hb Februari)

「鬼は外」「福は内」とかけ声をかけながら、鬼役の人に向かってマメを投げる。邪悪なものや不幸を家の外に追い払い、福を呼び込む意味がある。

Hari Setsubun, orang baling kacang soya kepada syaitan (orang bertopeng) dan berteriak, "Hantu di luar! Kebahagiaan di dalam!", amalan untuk buang kecelakaan, mengalu-alukan kebahagiaan.

[バレンタインデー(2月14日)]
Hari Valentine (14hb Februari)

女性から男性にチョコレートを贈るのが一般的。贈り物をもらった男性は3月14日のホワイトデーにお返しをする。

Pada hari Valentine kaum wanita memberi coklat kepada kaum lelaki. Kaum lelaki akan membalas pemberian itu pada hari White Day, 14hb Mac.

日本の文化

Kebudayaan Jepun
Culture of Japan

> ○○を知ってますか?
> *Tahu, tak apa itu ○○?*
> タウ　タッ　アパ　イトゥ　○○
> Do yo know ○○?

[着物] Kimono

着物は和服ともよばれる日本の伝統的衣服。江戸時代までは日常着だった。洋服が普及してからは礼服として冠婚葬祭や茶道の席で着ることが多い。

Kimono atau wafuku pakaian tradisional Jepun, dipakai setiap hari hingga zaman Edo. Kini, pakaian ala barat mempengaruhi kehidupan harian. Kimono hanya digunakan semasa perayaan, dalam kegiatan tradisi Jepun, upacara majlis teh, dll.

[浮世絵] Ukiyoe

浮世絵は江戸時代に発達した風俗画。15〜16世紀には肉筆の作品が中心だったが、17世紀後半、木版画の手法が確立されると、庶民の間に急速に普及した。

Ukiyoe lukisan yang berkembang pada zaman Edo. Abad ke15-16, ukiyoe adalah hasil tangan. Hujung abad ke17, ciptaan teknik cetakan kayu berjaya menghasilkan banyak ukiyoe. Ukiyoe menjadi terkenal di kalangan rakyat biasa.

[短歌と俳句] Tanka and Haiku

短歌は日本独特の和歌の一形式で、五七五七七の五句31音で構成される。俳句は五七五の三句17音の詩。この短い形式の中に美しい言葉で季節や自分の気持ちを詠み込む。

Tanka puisi tradisional Jepun yang unik terdiri daripada 5 baris, 5-7-5-7-7 suku kata. Semuanya 31. Haiku versi puisi pendek terdiri daripada 3 baris 5-7-5 suku kata. Semuanya 17. Kandungan haiku biasanya mengenai musim dan emosi.

[盆栽] Bonsai

盆栽は、鉢に植えた小さな木を自然界にあるような大木の形に整え、その姿を楽しむ植物の芸術作品。鉢も鑑賞の対象となる。★

Bonsai seni tanaman pokok pasu mini, menyerupai pohon besar yang tumbuh semulajadi. Bentuk pokok yang ditanam dikagumi. Begitu juga pasunya.

[生け花] Ikebana

生け花は草花や花を切り取り、水を入れた花器に挿して鑑賞する日本独特の芸術。もとは仏前に花を供えるところから始まったが、室町時代（14〜16世紀）には立花として流行し、江戸時代になると茶の湯とともに一般に普及した。★

Ikebana seni gubahan bunga. Bunga dan dahan dipotong, digubah dan diletak pada kaki bunga. Tradisi ini mula dari amalan letak bunga untuk orang mati. Abad ke14-16, zaman Muromachi rikka begitu popular. Zaman Edo ikebana dan upacara majlis teh pula menjadi popular.

[茶の湯] Cha no yu

茶の湯は、16世紀ごろ千利休が大成した。彼は禅の精神を取り入れ、簡素と静寂を旨とする日本独特の「わび」の心を重んじた。さどう、ちゃどうともよばれる。★

Cha no yu upacara majlis teh dimajukan oleh Sennorikkyu abad ke16. Asasnya dari semangat Zen dan tumpuannya pada ilmu estetik wabi, keadaan mental yang tenang. Upacara ini juga dinamakan sado atau chado.

★盆栽、生け花、茶の湯などは趣味で習う人も多い＝Ramai orang yang belajar bonsai, ikebana dan cha no yu untuk isi masa lapang.

[歌舞伎] Kabuki

江戸時代に生まれた日本独特の演劇芸術。1603年、出雲大社の巫女たちにより京都で興行されたのが始まり。風紀を乱すということから禁止されたが、その後、徳川幕府により成人男子が真面目な芝居をすることを条件に野郎歌舞伎が許された。現在の歌舞伎は男性のみで演じられる。★

Kabuki teater unik tradisional Jepun bermula pada zaman Edo. Asalnya, kumpulan wanita Kuil Syinto Izumo bergerak buat persembahan di Kyoto 1603. Kabuki diharamkan, dianggap meninggalkan kesan negatif ke atas moral masyarakat. Syogun Tokugawa benarkannya semula dengan syarat semua ahlinya lelaki. Kini, peranan wanita dalam kabuki dimainkan oleh lelaki.

私の国を紹介します。
Kenalilah Jepun.

[文楽] Bunraku

日本の伝統的な人形芝居、人形浄瑠璃（義太夫節）という独特の歌謡に合わせて演じられる。人形浄瑠璃が成立したのは1600年前後といわれ、主に大阪を中心に発展してきた。★

Bunraku teater patung tradisional Jepun yang unik. Tukang ceritanya bercerita dengan gaya istimewa. Patung jooruri wujud sekitar 1600 dan tertumpu di daerah Osaka.

[能・狂言] Noh, Kyogen

室町時代初期（14世紀）に出来上がった歌舞劇で、二人から数人で、華麗な衣装と仮面をつけて演じる古典芸能。狂言は、ユーモアにあふれたセリフ主体の劇である。

Noh seni teater klasik bersama muzik, tarian dan lakonan wujud awal zaman Muromachi. Noh dipentaskan oleh 2 atau lebih pelakon memakai pakaian berwarna-warni dan bertopeng. Kyogen drama jenaka yang disampaikan secara lisan.

[相撲] Sumo

土俵とよばれる丸いリングの中で2人が組み合い、相手を土俵の外に出すか、地面に倒した方が勝ち。古くから相撲は神の意志を占う役割があったが、8世紀ごろの、天皇に見せる節会相撲が始まり。現在は日本の国技として人気を集め、外国人力士も増加中。

Sumo sukan tradisional Jepun yang popular. Dua ahli berlawan dalam gelanggang bulat, dohyo. Siapa dapat keluarkan lawannya dari dohyo atau jatuhkan, dia menang. Dulu, sumo amalan agama. Sechie zumo hari ini bermula dalam abad ke8 sebagai persembahan untuk maharaja. Kini Sumo popular sebagai sukan negara, semakin ramai ahli Sumo dari negara asing turut bertanding.

[柔道] Judo

日本に古くからあった柔術という格闘技を、19世紀に嘉納治五郎スポーツとして改良したもの。体と精神の両方を鍛えることを目的としている。

Judo berasal dari seni mempertahankan diri Jepun yang lama, jujutsu. Judo dijadikan sukan oleh Jigoro Kano abad ke19. Judo bertujuan menguatkan bahagian fisikal dan mental.

[剣道] Kendo

剣を使って心身を鍛える道。武士の時代には相手を倒すための武術だったが、現在では面、胴、小手などの防具をつけ、竹刀で相手と打ち合う。

Kendo sukan untuk kuatkan mental dan badan melalui latihan pedang. Kendo teknik tentera mengalahkan musuh zaman pahlawan. Kini sebagai sukan, 2 pemain memakai pad dan perisai berlawan dengan pedang buluh.

★歌舞伎、能楽、人形浄瑠璃は、ユネスコの無形文化財に登録されている= Kabuki, noh dan patung jooruri telah terdaftar sebagai harta tak ketara kebudayaan UNESCO.

日本の家族

Keluarga Jepun
Family in Japan

生を受け、その生涯を終えるまでに、自分の家族の幸せや長寿を願い、さまざまな行事が行われる。

Ada banyak acara tradisional mendoakan kesejahteraan ahli keluarga dan memohon agar mereka dipanjangkan umur.

誕生日おめでとう！
Selamat hari jadi.
スラマッ ハリ ジャディ
Happy birthday to you!

ありがとう！
Terima kasih.
トゥリマ カスィ
Thank you!

[結婚式] Kekkonshiki

日本では決まった宗教を持たない人が多い。古来より神前結婚式が多数を占めていたが、最近はキリスト教式の結婚式を選ぶ人も多い。

Di Jepun pegangan agama tidak tetap. Majlis perkahwinan tidak ikut agama tertentu. Ramai berkahwin di Kuil Syinto ikut cara tradisional. Kini, ramai ikut cara agama Kristian.

男性25、42、61歳
女性19、33、37歳 ※3

男性32歳、女性29.6歳
（平均婚姻年齢）※1

60歳

[還暦] Kanreki

一定の年齢に達した高齢者に対し、長寿のお祝をする。例えば、数え年での61歳を還暦といい、家族が赤い頭巾やちゃんちゃんこを贈る風習がある。

Jepun sambut warga tua yang umur panjang. Usia ke61 disebut kanreki. Ahli keluarga hadiahkan tutup kepala atau jaket kimono tidak berlengan, kedua-duanya berwarna merah bila umur menjangkau 61.

[厄年] Yakudoshi

厄年とは病気や事故、身内の不幸といった災いが降りかかりやすい年齢のこと。神社に参って、厄払いの祈願をすることが多い。

Yakudoshi peringkat umur mudah ditimpa nasib buruk seperti dapat penyakit, kecelakaan, kemalangan, kematian ahli keluarga, dll. Ramai ke kuil minta tolak bala.

男性79歳、女性85.8歳
（平均寿命）※2

[葬式] Soshiki

日頃あまり宗教的ではない日本人も、葬式においては多分に宗教的である。そのほとんどが仏教式。

Jepun tidak kisah agama dalam kehidupan harian tetapi mereka ikut adat pengebumian agama Buddha.

[法要] Hoyo

葬式が終わったあとも、死者が往生して極楽（キリスト教における天国）に行けるよう、生きている人が供養を行う。初七日、四十九日、一周忌が特に重要とされている。

Selesai adat pengebumian, sanak-saudara si mati adakan upacara sembahyang Buddha agar roh si mati tenang, masuk syurga. Hari ke7, ke49 dan setahun setelah meninggal dianggap penting.

※1、2 2006年厚生労働省人口動態統計に拠る＝ Menurut statistik penduduk tahun 2006, Jabatan Kesihatan, Tenaga Buruh dan Kebajikan.

私の国を紹介します。
Kenalilah Jepun.

[帯祝い] Obi iwai
妊娠して5カ月目の、干支でいう戌の日に、妊婦の実家が腹帯を贈る行事。戌の日に行うのは多産な犬にあやかり、安産を祈ることに由来する。

Wanita mengandung menerima kain barut daripada ibu bapa pada hari Anjing zodiak Timur bila genap 5 bulan mengandung. Kesuburan anjing lambang kesuburan dan kelahiran yang mudah.

[お宮参り] Omiya mairi
赤ちゃんの誕生を祝い、元気な成長を願って、男の子は生後30日目、女の子は生後33日目に神社にお参りする。

30 hari setelah bayi lelaki dilahirkan dan 33 hari bagi bayi perempuan, kelahiran bayi disambut di Kuil Syinto, mendoakan kesejahteraan bayi.

誕生前 ▶ ▶ ▶ **生後30〜33日** ▶ ▶ ▶ **3歳**

[七五三] Shichi go san
子供の健やかな成長を願って、男の子は3歳と5歳、女の子は3歳と7歳のときに神社にお参りをする。

Anak lelaki berumur 3 dan 5, anak perempuan pula 3 dan 7 dibawa ke kuil mendoakan kesejateraan hidup mereka.

5歳
▼
7歳

◀ **20歳** ◀ **18歳〜** 大学／専門学校 ◀ **16〜18歳** 高等学校 ◀ **6〜15歳** 小〜中学校

[成人の日] Seijin no hi
満20歳になった人を成人として認める儀式。1月の第2月曜日に、各地の自治体で記念の式典が行われる。満20歳になると選挙権が得られ、飲酒、喫煙も許される。

Seijin no hi sambutan meningkat dewasa umur mencapai 20 tahun. Isnin kedua bulan Januari, kerajaan daerah adakan majlis sambutan. Bila meningkat dewasa, mereka boleh keluar mengundi, merokok, minum arak, dll.

[進学] Shingaku
幼稚園、小学校、中学校、高校、大学を経て就職するまで、子供の教育に必死になる親は多い。

Ramai ibu bapa bimbang dan ambil berat pendidikan anak-anak dari peringkat sekolah tadika ke universiti hingga mereka menjawat pekerjaan.

現代家族の形態

[核家族] Kaku kazoku
日本で主流になっている家族形態。かつては若年層世帯の多い都市部に多かったが、現在では過疎化の進む地方でも目立つ。

Kaku kazoku bentuk keluarga di Jepun. Keluarga nuklear ada di bandar besar dan ramai orang muda. Kini, amat ketara jumlah penduduk semakin berkurangan.

[共働き] Tomobataraki
結婚をしても、夫と妻の双方が仕事を続ける場合が多く、その場合子供を持たない夫婦をDINKSとよぶ。

Ramai pasangan tetap bekerja setelah berkahwin. Pasangan yang tidak ada anak dipanggil DINKS (Double income no kids).

[パラサイトシングル] Parasite single
一定の収入があっても独立せず、結婚適齢期を過ぎても親と同居し続ける独身者のことをいう。

Parasite single gelaran bujang telajak, bekerja tetapi tidak mahu berdikari, masih bergantung hidup pada orang tua.

※3 厄年は数え年（満年齢に1足す）であらわされる＝ Pengiraan umur Yakudosi perlu ditambah satu tahun pada umur yang sebenar.

日本の料理

Makanan Jepun
Dish of Japan

現代の日本では、あらゆる国の料理を楽しむことができるが、ここでは日本の代表的な料理をいくつか紹介する。

Makanan negara asing boleh dinikmati di Jepun. Makanan yang sering menggambarkan imej Jepun masih tetap popular.

いただきます！
Itadakimas. ※
Let's have it.

ごちそうさま
Gochisosama. ※
Thank you.

[刺身] Sashimi

新鮮な魚介類を薄切りにして盛り付けたもの。普通、ワサビを薬味にして醤油につけて食べる。

Sashimi ikan mentah dipotong nipis dan disusun atas pinggan. Biasanya dibubuh sedikit wasabi dan dicecah dengan kicap soya.

[すし] Sushi

砂糖を混ぜた酢で調味した飯(すし飯)にさまざまな魚介類を薄切りにして載せたもの。

Sushi dibuat daripada pelbagai potongan makanan laut, diletakkan di atas nasi yang telah dicukakan.

[すき焼] Sukiyaki

鉄鍋を使い、牛肉の薄切り肉と豆腐、しらたき、野菜などを卓上コンロで煮ながら食べる。

Sukiyaki daging dipotong nipis, tauhu, shirataki, sayur dimasak di dalam periuk besi atas tungku di meja, dimakan panas-panas.

[天ぷら] Tempura

野菜や魚介類に衣をつけて油でからりとあげた料理。
Tempura sayur dan makanan laut yang dicelup dalam adunan tepung dan digoreng.

[しゃぶしゃぶ] Shabu-shabu

薄く切った牛肉を沸騰した昆布だしの鍋にさっとくぐらせ、たれにつけて食べる。
Shabu-shabu daging lembu dipotong nipis, dicelup sekejap dalam air panas yang dibubuh perasa, dimakan dengan sos kicap.

[鍋もの] Nabemono

大きな鍋で野菜や魚介類などを煮ながら食べる。材料や味付けによってさまざまな鍋物がある。
Nabemono sayur dan makanan laut dimasak di meja dalam periuk panas besar. Ada banyak jenis nabemono dan pelbagai rasa.

※「いただきます」は食事のはじめに、「ごちそうさま」は食事の終わりに使う。いずれも食事を作ってくれた人への感謝の言葉。

私の国を紹介します。
Kenalilah Jepun.

[会席料理] Kaiseki ryori

酒宴のときに出される上等な日本料理。西洋料理のフルコースのように一品ずつ順に料理が運ばれる。季節に合った旬の素材が美しく調理される。

Kaiseki ryori hidangan istimewa ikut kos dalam majlis makan malam. Makanan dihidang satu per satu ikut ala Barat. Makanan dipilih ikut musim dan disajikan dengan cantik.

[麺類] Menrui

そば粉に小麦粉、水などを加えて練り細く切ったそばと、小麦粉を練って作るうどんは日本の伝統的な麺類。

Soba mi halus dibuat daripada sobako, tepung terigu, air, dll. Udon mi hasil adunan tepung yang diuli. Soba dan udon mi tradisional Jepun.

[おでん] Oden

醤油のだし汁で、魚の練り製品や大根、ゆで玉子などを数時間煮込んだもの。

Oden bebola ikan, lobak Jepun, telur rebus, dll dimasak dalam sup perasa kicap selama beberapa jam.

[お好み焼] Okonomiyaki

小麦粉に水と卵を加え、その中に野菜、魚介類、肉などを混ぜたものをテーブルにはめ込んだ鉄板で焼いて食べる。

Okonomiyaki penkek adunan tepung, air dan telur campur dengan sayur, makanan laut dan daging dimasak atas kuali panas yang lekat pada meja.

[定食] Teishoku

家庭的なおかずとご飯と味噌汁をセットにしたメニューで、学生から社会人までランチメニューとして人気。

Teishoku pilihan menu popular di kalangan pelajar dan orang dewasa. Makanan yang biasa dimasak di rumah dihidang dengan nasi dan sup miso.

[焼き鳥] Yakitori

一口大に切った鶏肉や牛、豚の臓物を竹串に刺してあぶり焼きにする。甘辛いたれ味か塩味か選べる。

Yakitori potongan daging ayam, lembu, babi dicucuk pada buluh atau besi dan dipanggang. Sate Jepun ini dimakan dengan tare atau garam.

食事のマナー
Adab tertib makan

ご飯、汁物を食べるときは、茶碗、汁碗を胸のあたりまで持ち上げる。

Ketika makan nasi, lebih sopan angkat mangkuk nasi, sup ke paras dada.

刺身の盛り合せや漬物など共用の箸が添えられているものは、その箸で少量を自分のさらに取り分ける。

Semasa makan sashimi, tsukemono dihidang bersama kayu penyepit. Adalah lebih sopan kita gunakan kayu penyepit yang disediakan.

汁物をいただくときは碗や器に直接口をつけて静かにいただく。

Sup, makanan berkuah hendaklah terus dihirup dari mangkuk tanpa kedengaran bunyi hirup.

茶碗のご飯は最後のひと粒まで残さず食べる。食べ終わったら箸をきちんと箸置きにおいて、食べ始めの状態に戻す。

Bila makan nasi, menjadi adat di Jepun makan licin bersih. Selesai makan, kayu penyepit diletakkan semula pada tempat asalnya seperti semasa sebelum makan.

※'Itadakimas' diucapkan semasa mula makan. 'Gochisosama' diucapkan setelah selesai makan. Ucapan ini menyatakan perasaan terima kasih.

日本の生活

Kehidupan di Jepun
Life of Japan

すまい
Tempat kediaman

日本の住居は独立した一戸建てと、複数の住居が一棟を構成する集合住宅とに大別される。地価の高い都心では庭付きの一戸建てに住むのは難しく、マンションなどの集合住宅が人気。

Ada 2 jenis perumahan di Jepun, rumah sendiri dan pangsapuri. Di bandar besar tinggal di rumah sendiri yang berhalaman, kos hidup sangat tinggi. Pangsapuri lebih popular.

[和室] Bilik Jepun

伝統的な日本特有の部屋。床はイグサで作られた畳を敷き詰め、空間は、紙と木で作られた障子で仕切られている。履物は脱いで入る。

Bilik tradisional Jepun berlantaikan tatami, dipisahkan dengan pintu sorong daripada kertas dan kayu. Sebelum masuk, kasut ditanggalkan.

マレーシアにも○○はありますか？
Ada, tak ○○ di Malaysia?
アダ タッ ○○ ディ マレイスィア
Do you have ○○ in Malaysia?

- ふすま Fusuma
- かわら Kawara
- 風鈴 Furin
- 障子 Shoji
- のれん Noren
- 欄間 Ramma
- たんす Tansu
- 掛け軸 Kakejiku
- 床の間 Tokonoma
- 仏壇 Butsudan
- 座布団 Zabuton
- 畳 Tatami

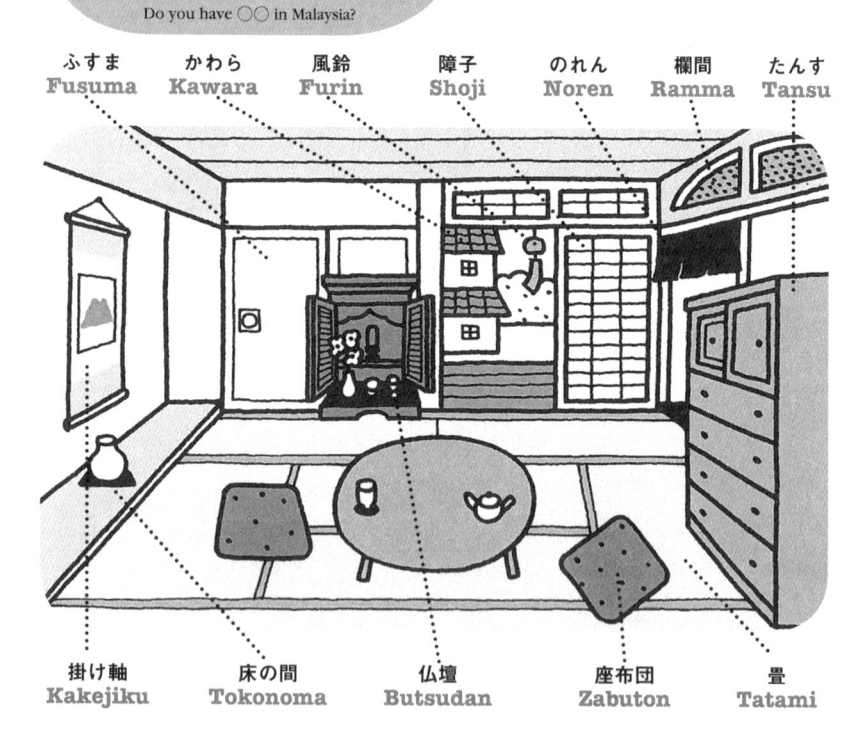

娯楽 Goraku

私の国を紹介します。 Kenalilah Jepun.

[プリクラ] Purikura

設置された画面を操作しながら写真を取り、数十秒でシールにできる機械。特に女子学生に人気。

Mesin ambil gambar automatik dilakukan dengan menyentuh layar. Gambar pelekat kecil segera tercetak. Digemari oleh pelajar wanita.

[カラオケ] Karaoke

街のいたるところにカラオケ店があり、老若男女に楽しまれている。

Karaoke ada di merata-rata tempat. Kaum lelaki dan wanita dari semua peringkat umur suka menyanyi karaoke.

[パチンコ] Pachinko

パチンコは、大人向けの娯楽の代表である。18歳以上。機種ごとにルールは異なる。玉がたくさんたまったら景品に交換できる。

Pusat hiburan yang sangat popular di Jepun. Umur 18 ke atas baru dibenarkan. Cara berbeza tergantung pada jenis mesin. Guli yang diperoleh boleh tukar dengan hadiah.

[ゲームセンター] Pusat hiburan

さまざまなゲーム機器が揃っている遊技施設。子供だけではなく、学生やサラリーマンが楽しむ姿も多くみられる。

Pusat hiburan dengan pelbagai alat mainan yang menarik. Bukan sahaja budak, pelajar tetapi mereka yang sudah bekerja juga seronok menggunakan pusat ini.

[麻雀] Mahjong

1920年代に中国から伝わったゲーム。最初に13個の牌を持ち、トランプのように引いては捨て、を繰り返し、決まった組み合わせを考える。

Mahjong dibawa masuk dari China 1920an. Setiap pemain mula dengan 13 pai. Pemain buat kombinasi, buang dan ambil pai, seperti main terup.

[マンガ喫茶] Manga kissa

一定の料金を支払えば、ドリンクや軽食と共にマンガや雑誌を閲覧できる店。インターネットや仮眠施設を備えているところも多い。

Manga kissa tempat baca buku komik dan majalah sambil minum dan makan ringan. Biasanya disediakan internet dan tempat peribadi untuk rehat.

[競馬・競輪・競艇] Keiba, Keirin, Kyotei

日本で法的に認められているギャンブル。競馬は国内に点在する競馬場や場外発売所で馬券を購入できる。

Lumba kuda, basikal, motobot judi yang dibenarkan di Jepun. Tiket dibeli di gelanggang perlumbaan di seluruh Jepun atau di pondok tiket.

[温泉] Onsen

世界有数の火山国である日本には温泉が数多くある。泉質によってさまざまな効能があるが、何よりリラックスできるので多くの人が温泉を訪れる。

Jepun negara gunung berapi ada banyak onsen. Onsen sejenis terapi tergantung pada kualiti air. Ramai orang mandi onsen kerana rasa selesa dan dapat relaks.

コミュニケーションのツボ

寛容で好意的

普段から他の民族の言語、宗教、文化、慣習を尊重しつつ生活しているマレーシア人は、外国人に対しても寛容で好意的だ。

おもてなし好き

気軽に自宅に招き入れ、温かくもてなしてくれるのはどの民族も共通。最近でこそ、都市部では約束をしてから訪問するようになったが、地方になれば突然訪ねても日本のように玄関先で立ち話しなんて事はめったにない。家の中に招き入れ、飲み物や菓子を出してお客様をもてなすことがほとんど。

イスラム教の断食明けの大祭はその代表的なもの。イスラム教徒でなくても、また、招待されていなくても、一緒に祝い、伝統的なお祝い料理をいただくことができる。オープンハウスといわれるこの風習は首相官邸や王宮でも行われ、旅行者でも首相官邸を訪問できるので体験してみるといいだろう。

結婚式も盛大に

近年、都市部では結婚式もホテルなどで行うようになってきたが、地方ではどの民族も自宅で行う。自宅での結婚式は、お祝いに来てくれる人の数が多ければ多いほどよいとされる。だから、招待客だけでなく、家族や友達を連れて行っても構わないし、たまたま家の前を通りがかった見知らぬ人が参加しても問題ない。結婚式を見かけたら、遠慮せずに一緒にお祝いをしよう。

おごり、おごられ

マレーシアには割り勘の習慣がない。親しい者同士でなくとも、おごりおごられるのは当たり前。おごってもらった人は次回おごってあげればそれでよい。特にマレー系は、願いごとがある時に人におごると願いがかなうと信じており、子供の入試前などにはごちそうをふるまって合格を祈願する。

しかし、誕生日の人は要注意！ マレーシアでは、誕生日を迎えた本人が「誕生日を迎えることができたのは皆様のおかげです」という気持ちでごちそうするのだ。おごってもらえると思って誕生日を公表すると大変なことになる。

喜ばれるプレゼントは？

日本からのおみやげにはお菓子は手軽だが、イスラム教徒には適さない。果物やマレーシア国内で売っているハラルマーク（→P59）の付いた食べ物以外は避けよう。

日本のアニメのキャラクターグッズはマレーシアでも大人気。子供のおみやげ物として喜ばれるが、偶像崇拝を禁じているイスラム教の信奉者には不向き。人形やぬいぐるみだけでなく、人や動物の絵のついた品物も避けよう。装飾品を好むマレー系やインド系には、和風のインテリアグッズや食器も好適品。しかし、悲しみや別れを象徴するハンカチや、中国系、インド系に縁起がよくないと信じられている靴や時計をプレゼントしてはいけない。

マレーシアで会話を楽しむための基本情報が満載

知っておこう

マレーシアまるわかり ——————— 126
マレー語が上達する文法講座 ——————— 128
マレーシアにまつわる雑学ガイド ——————— 132
マレー語で手紙を書こう！ ——————— 135
50音順マレー語単語帳（日本語→マレー語） ——————— 136

マレーシアまるわかり

| マレーシア | | Malaysia |

あらまし　マレーシア VS 日本

	マレーシア	日本
面積	33万434km²	37万7914.78km²
人口	約2773万人（2008年）	約1億2777万5000人（2007年）
国鳥	サイチョウ	キジ
国歌	ヌガラク（わが祖国）	君が代
州都／首都	クアラルンプール（人口約162万人、2005年）	東京（人口約1275万8000人、2007年）
公用語	マレー語	日本語

マレーシアは日本とほぼ同じ広さ

※マレーシアの人口はマレーシア統計庁のデータ、クアラルンプールの人口はクアラルンプール特別地域政府のデータ

マレーシア　旅のヒント

【時差】
日本との時差は1時間遅れ。日本が正午の時、マレーシアは午前11時となる。サマータイムはない。

【通貨】
通貨単位はリンギッ RM。RM1＝約27円（2008年12月現在）。

【電圧】
マレーシアの電圧は220V、周波数50Hz。プラグは3つ穴のBFタイプが一般的。日本の100V用電気製品を使う場合は、変圧器と変換アダプターが必要になる。

【チップ】
一般的に不要だが、観光地ではチップの習慣が定着しつつある。ホテルやレストランでサービス料が請求書に加算している場合は不要。ホテルのポーターにはRM2が目安。

【郵便】
街なかにある赤いポストに投函するか、直接郵便局へ投函。手数料を支払ってホテルのフロントに頼むこともできる。ハガキはRM0.50、20gまでの封書はRM1.40。通常日本へは4〜5日ほどで届く。郵便局は土・日曜休み。赤いポストの投函口は左側が市内で右側がそのほかのエリア。国際郵便はそのほかのエリアに投函すること。

【トイレ】
旅行者の利用が多いホテルやショッピングセンターのトイレを利用するのがいい。ホテル以外は有料水洗トイレが多く、料金は¢30くらい。汲み置きの水で流し、左手でお尻を洗うマレー式トイレも一般的。紙を使う習慣がないので、ティッシュペーパーは忘れずに用意しておこう。

温度比較

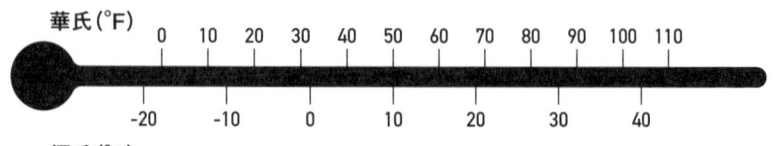

華氏（°F）
摂氏（℃）

温度表示の算出の仕方　℃＝（°F−32）÷1.8　°F＝（℃×1.8）+32

度量衡

長さ

メートル法		ヤード・ポンド法				尺貫法			
メートル	キロ	インチ	フィート	ヤード	マイル	海里	寸	尺	間
1	0.001	39.370	3.281	1.094	-	-	33.00	3.300	0.550
1000	1	39370	3281	1094.1	0.621	0.540	33000	3300	550.0
0.025	-	1	0.083	0.028	-	-	0.838	0.084	0.014
0.305	-	12.00	1	0.333	-	-	10.058	1.006	0.168
0.914	0.0009	36.00	3.00	1	0.0006	0.0004	30.175	3.017	0.503
1609	1.609	63360	5280	1760	1	0.869	53107	5310.7	885.12
0.030	-	1.193	0.099	0.033	-	-	1	0.100	0.017
0.303	0.0003	11.930	0.994	0.331	0.0002	0.0002	10.00	1	0.167
1.818	0.002	71.583	5.965	1.988	0.001	0.0009	60.00	6.00	1

重さ

メートル法			ヤード・ポンド法		尺貫法		
グラム	キログラム	トン	オンス	ポンド	匁	貫	斤
1	0.001	-	0.035	0.002	0.267	0.0003	0.002
1000	1	0.001	35.274	2.205	266.667	0.267	1.667
-	1000	1	35274	2204.6	266667	266.667	1666.67
28.349	0.028	0.00003	1	0.0625	7.560	0.008	0.047
453.59	0.453	0.0005	16.00	1	120.958	0.121	0.756
3.750	0.004	-	0.132	0.008	1	0.001	0.006
3750	3.750	0.004	132.2	8.267	1000	1	6.250
600.0	0.600	0.0006	21.164	1.322	160.0	0.160	1

面積

メートル法		ヤード・ポンド法		尺貫法		
アール	平方キロメートル	エーカー	平方マイル	坪	反	町
1	0.0001	0.025	0.00004	30.250	0.100	0.010
10000	1	247.11	0.386	302500	1008.3	100.83
40.469	0.004	1	0.0016	1224.12	4.080	0.408
25906	2.59067	640.0	1	783443	2611.42	261.14
0.033	0.000003	0.0008	-	1	0.003	0.0003
9.917	0.00099	0.245	0.0004	300.0	1	0.100
99.174	0.0099	2.450	0.004	3000.0	10.000	1

体積

メートル法			ヤード・ポンド法		尺貫法		
立方センチ	リットル	立方メートル	クォート	米ガロン	合	升	斗
1	0.001	0.000001	0.0011	0.0002	0.006	0.0006	0.00006
1000	1	0.001	1.057	0.264	5.543	0.554	0.055
-	1000	1	1056.8	264.19	5543.5	554.35	55.435
946.35	0.946	0.0009	1	0.25	5.246	0.525	0.052
3785.4	3.785	0.004	4.00	1	20.983	2.098	0.210
180.39	0.180	0.00018	0.191	0.048	1	0.100	0.010
1803.9	1.804	0.0018	1.906	0.476	10.00	1	0.100
18039	18.04	0.018	19.060	4.766	100.00	10.00	1

華氏(°F)	96	97	98	99	100	101	102	103	104	105	106	107	108
摂氏(°C)	35.5	36.1	36.6	37.2	37.7	38.3	38.8	39.4	40.0	40.5	41.1	41.6	42.2

マレー語が上達する文法講座

講座 1　文字と発音を知ろう

■アルファベットと発音

マレー語は26のアルファベットを使用する。アルファベットの読み方は英語と同じ。

a	b	c	d	e	f	g	h	i	j
エー	ビー	シー	ディー	イー	エフ	ジー	エイチ	アイ	ジェー

k	l	m	n	o	p	q	r	s	t
ケー	エル	エム	エン	オー	ピー	キュー	アル	エス	ティー

u	v	w	x	y	z
ユー	ヴィー	ダブリュ	エクス	ワイ	ゼッ

■母音と子音

母音は、a, i, u, e, oの5種類だが、eのみ2種類の発音がある。a(**ア**), i(**イ**), u(**ウ**), e(**エ**), o(**オ**)の発音は日本語とほぼ同じだが、u(**ウ**)は日本語の「ウ」よりもくちびるを丸めて突き出して発音する。eのもう1つの発音は、(ウ)と(エ)の中間の音。口の形を(エ)にしてから、弱くあいまいな音で(ウ)と発音する。アクセントは、原則として最後から2番目の母音に付くが、「あいまい音ウ」がある場合は、「あいまい音ウ」の後の母音にアクセントが付く。

二重母音には、ai(**アイ**)、au(**アウ**)、oi(**オイ**)がある。hairan(**ハイラン**)「妙な」、pulau(**プラウ**)「島」、amboi(**アムボイ**)「わあ（感嘆詞）」など。

子音も基本的にはアルファベット読みすればよいが、注意すべき発音は、r（巻き舌のラ行）、ng（鼻音のガ行）、語末のd, t, k, b, p（各音を発音する直前で発音を止める）、語末のm（最後に口を閉じる）、語末のn（最後に舌先を上の歯茎に付ける）、語末のng（最後に舌先をどこにも付けない）、語末のh（最後に息を吐き出す）など。

講座 2　基本文型と品詞を知ろう

■基本文型

基本文型は「主語＋述語（名詞・形容詞・動詞）」。動詞で助動詞や目的語を伴う場合は、「主語＋（助動詞）＋動詞＋（目的語）」。英語のbe動詞に相当する単語は通常使用しない。

主語＋名詞	Saya katitangan syarikat.（私＋職員＋会社） サヤ　カキタガン　シャリカッ	→	私は会社員です。
主語＋形容詞	Mereka rajin.（彼ら＋勤勉な） ムレカ　ラジン	→	彼らは勤勉です。
主語＋助動詞＋ 動詞＋目的語	Saya nak minum air.（私＋〜したい＋飲む＋水） サヤ　ナッ　ミヌム　アイル	→	私は水が飲みたい。

■名詞

　名詞には単複の区別はない。複数を表す必要がある場合は、名詞の前に「数詞」や「数量を表す形容詞」を付けたり、名詞を繰り返す。ただし、kupu-kupu[**クプクプ**]「蝶」、laki-laki[**ラキラキ**]「男」など、名詞を繰り返した形の普通名詞もある。

①**数詞＋名詞**/dua orang/(**ドゥア　オラン**)「2人」
②**数量を表す形容詞＋名詞**/ramai kawan/(**ラマイ　カワン**)「多くの友達」
③**名詞-名詞**/orang-orang/(**オランオラン**)「人々」

■代名詞

1．人称代名詞

　二人称「あなた」は相手の年齢、性別などによって使い分ける。「私達」には2種類ある。

		ていねい	
一人称	単数	saya / サヤ	私
	複数	kita / キタ	私達（話し相手を含む）
		kami / カミ	私達（話し相手を含まない）
二人称	単数	encik / ンチッ	あなた（男）
		cik / チッ	あなた（女）
	複数	encik sekalian / ンチッ スカリアン	あなた達（男）
		cik sekalian / チッ スカリアン	あなた達（女）
三人称	単数	beliau / ブリアウ	あの方
	複数	mereka / ムレカ	彼ら

一人称・二人称単数	日常
abang (bang) / アバン（バン）	お兄さん
kakak (kak) / カカッ（カッ）	お姉さん
adik (dik) / アディッ（ディッ）	（年下）
pak cik / パッ　チッ	おじさん
mak cik / マッ　チッ	おばさん

三人称単数	日常
dia / ia / ディア　イア	彼／彼女

2．指示代名詞

　話し手から近いものはini(**イニ**)「これ、この」、遠いものはitu(**イトゥ**)「それ（あれ）、その（あの）」を用いる。ini「この」などの修飾語は名詞の後にくる。

①**名詞＋指示代名詞**／ kopi <u>ini</u>（**コピ　イニ**）「このコーヒー」
②**主語（指示代名詞）＋述語**／ <u>Ini</u> kopi.（**イニ　コピ**）「これはコーヒーです」

■形容詞

1. 名詞を修飾する場合→名詞＋形容詞の順
　kopi <u>pahit</u>（**コピ　パヒッ**）「苦い（無糖）コーヒー」

2. 述語になる場合→主語＋述語（形容詞）の順
　Kopi ini <u>pahit</u>.（**コピ　イニ　パヒッ**）「このコーヒーは苦い」

■動詞

接頭辞の有無により、大きく分けて①接頭辞のつかない動詞、②ber-動詞（語幹に接頭辞ber-を付けた動詞）、③me-動詞（語幹に接頭辞me-を付けた動詞）の3つの動詞がある。動詞には、人称や時制による変化はない。時制は「時を表す助動詞」を用いて表す。

■時を表す助動詞

	単語	例文	日本語訳
完了	sudah/telah スダ トゥラ 「すでに〜した」	Mereka sudah bertolak. ムレカ スダ ブルトラッ	彼らはすでに出発した。
未完了	belum ブルム 「まだ〜していない」	Saya belum makan nasi. サヤ ブルム マカン ナスィ	私はまだご飯を食べていない。
継続	masih マスィ 「まだ〜している」	Dia masih tidur. ディア マスィ ティドゥル	彼はまだ寝ている。
現在進行	sedang/tengah スダン トゥガ 「〜している最中」	Dia sedang mandi. ディア スダン マンディ	彼女は水浴びをしている。
未来	akan アカン 「〜する予定だ」	Mereka akan bermalam di Melaka. ムレカ アカン ブルマラム ディ ムラカ	彼らはマラッカに宿泊する予定だ。
経験	pernah ブルナ 「〜したことがある」	Saya pernah pergi ke Langkawi. サヤ プルナ ブルギ ク ランカウィ	私はランカウイに行ったことがある。

■その他の助動詞

	単語	例文	日本語訳
希望	nak ナッ 「〜したい」	Saya nak makan aiskrim. サヤ ナッ マカン アイスクリム	私はアイスクリームを食べたい。
嗜好	suka スカ 「〜するのが好き」	Saya suka bersenam. サヤ スカ ブルスナム	私は運動するのが好きだ。
可能	boleh / dapat ボレ ダパッ 「〜できる」	Saya boleh jawab soalan itu. サヤ ボレ ジャワッ(ブ) ソアラン イトゥ	私はその質問に答えることができる。
許可	boleh ボレ 「〜してもよい」	Encik boleh masuk. ンチッ ボレ マスッ	あなたは入ってもよい。
義務	mesti / harus ムスティ ハルス 「〜しなければならない」	Encik mesti pakai baju ini. ンチッ ムスティ パカイ バジュ イニ	あなたはこの服を着用しなければならない。
当然	perlu ブルル 「〜する必要がある」	Encik perlu bawa pasport. ンチッ ブルル バワ パスポッ	あなたはパスポートを携帯する必要がある。

講座 3　文の種類を知ろう

■疑問文

1. 会話では、平叙文の文末の語尾を上げて発音するだけで疑問文になる。

Encik minum kopi?　　あなたはコーヒーを飲みますか？
ンチッ　ミヌム　コピ

2. 疑問詞には次のようなものがあり、文頭や文末に位置する。

	単　語	例　文	日本語訳
なに	apa アパ	Ini <u>apa</u>? イニ　アパ	これは何ですか？
だれ	siapa スィアパ	<u>Siapa</u> orang itu? スィアパ　オラン　イトゥ	その人はだれですか？
どこへ	ke mana ク マナ	Nak <u>ke mana</u>? ナック　ク　マナ	どこへ行きますか？
どこに どこで	di mana ディ　マナ	Encik tinggal <u>di mana</u>? ンチッ　ティンガル　ディ　マナ	あなたはどこに住んでいますか？
どれ	yang mana ヤン マナ	<u>Yang mana</u> beg encik? ヤン　マナ　ベッ　ンチッ	あなたのかばんはどれですか？
いつ	bila ビラ	<u>Bila</u> encik balik? ビラ　ンチッ　バリッ	あなたはいつ帰りますか？
いくら いくつ	berapa ブラパ	<u>Berapa</u> harganya? ブラパ　ハルガニャ	値段はいくらですか？
どのように	bagaimana バガイマナ	<u>Bagaimana</u> caranya? バガイマナ　チャラニャ	どのようなやり方ですか？
なぜ	kenapa クナパ	<u>Kenapa</u> encik tidak datang? クナパ　ンチッ　ティダッ　ダタン	なぜあなたは来ないのですか？

■否定文

1. 名詞の否定にはbukan（ブカン）を用いる。語順は「主語＋ bukan ＋名詞」。

Saya <u>bukan</u> pelajar.　　私は学生ではありません。
サヤ　ブカン　プラジャル

2. 形容詞・動詞の否定にはtidak（ティダッ）（文語）/tak［タッ］（口語）を用いる。語順は「主語＋ tidak/tak ＋形容詞・動詞」。

Jus ini <u>tidak</u> sejuk.　　このジュースは冷たくありません。
ジュス　イニ　ティダッ　スジュッ

Saya <u>tak</u> tahu.　　私は知りません。
サヤ　タッ　タウ

　比較的英語が通じるマレーシアだが、とにかくマレー語で話しかけてみよう。英語ではなくマレー語で会話をしてみることが重要だ。特に地方では、その効果は絶大。マレー語を話す外国人として相手に好印象を与え、滞在が何倍も楽しくなるはず。どうぞよい旅を！

マレーシアにまつわる雑学ガイド

1 民族別名前の呼び方

マレーシア人の名前はマレー系、インド系、中国系かによって異なるので、名前を見ればその人が何系かがわかる。マレー系、インド系には苗字がないので、自分の名前のあとに父親の名前をつけて〜の息子（娘）と呼ぶのが正式。Awang bin Mohamedは「モハメッドの息子アワン」、Faridah binti Mohamedは「モハメッドの娘ファリダ」。bin（略してb.）は「〜の息子」、binti（略してbt.）は「〜の娘」のこと。インド系ではbin、bintiの代わりにanak lelaki（a/l）「〜の息子」、anak perempuan（a/p）「〜の娘」を使い、Subasree a/p Murugiahは「ムルギアの娘スバスリ」となる。だから、マレー系、インド系は最初に書かれた名前を呼ぶこと。後に書かれた名前を呼ぶとお父さんの名前を呼ぶことになる。話すときや略して書くときはb.、bt.やa/l、a/pを省くこともあるので注意しよう。

中国系の多くはWang Jian Hong（王健宏）のように3つに分けて書かれる。最初の1つが苗字で、あとの2つが名前。大人ならMr. Wang、Mrs. Wangのように苗字で呼び合うが、子供や親しい人同士はJian Hongと名前で呼ぶ。漢字の名前をもっていない人もいるが、同じ漢字でも出身地が違うと方言で読み方が違うこともあり、アルファベットの方が一般的だ。

2 イスラム教徒のハラムとハラルとは？

イスラム教が禁じているものはハラム（haram）といい、豚はその代表（→P59）。豚肉以外に、ハム、ソーセージ、ベーコンなど豚の加工品、ラードを使った菓子なども食べない。さらには豚肉に触れることや豚肉を調理した器具や盛りつけた食器にさえ触れることを嫌がる。スーパーマーケットでもイスラム教徒のレジ係が豚肉に触れることのないように、豚肉売り場だけ独立しており、中国系の店員が販売をしている。せんべい好きのイスラム教徒が、しょうゆを塗る刷毛に豚の毛を使っていると聞いた途端、口にしなくなったほどだ。

イスラム教で許されたものはハラル（halal）というが、豚肉以外ならいいのかといえば、そうではない。牛や鶏などの動物の肉もイスラム教が定めた方法で屠殺されたハラル・ミートでなければならない。酒類も御法度なので、洋酒を使ったケーキやお菓子もダメ。イスラム教徒のためのハラル・マークは、市販されている食品のパッケージやレストランにも付いている。

3 赤い三日月と矢印マークは？

マレーシアの街なかで目にする赤い三日月マークの意味をご存じだろうか？正解は病院やクリニックのマーク。病院といえば赤十字だが、スイス人アンリー・デュナンにより創立された赤十字社のマークは、創立者の母国であるスイスの国旗の色を反転した白地に赤い十字を採用した。しかし、十字がキリスト教を連想するため、マレーシアを含むイスラム諸国では、イスラム教の象徴である新月マークの「赤新月（せきしんげつ）」を使用している。

その他にも、イスラム教徒にとって大切なマークがある。それは矢印マーク「キブラッ(kiblat)」で、「聖地メッカの方向」という意味。1日5回、メッカの方角に向って祈るイスラム教徒にとって、自宅やモスクはともかく、外出先ではメッカの方向がわからない。そのため、礼拝室はもちろん、ホテルの部屋にも、天井、机の引出しやクロゼットの中などにメッカの方向を示すキブラッが付いている。

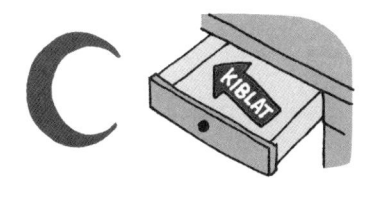

4 国王は5年ごとに順番で選ばれる

マレーシアには13の州と3つの連邦地域があり、そのうちサバ、サラワク、ペナン、マラッカの4州を除く9つの州には州元首の王様（Sultan）がいる。その9人の王様のなかから互選で1人が選ばれ、5年の任期で国王（Agong）を務める。国王に選ばれたら、クアラルンプールの王宮（Istana Negara）に居を移し、執務にあたる。国王誕生日は6月の第1土曜日と決められ、5年ごとに変わることはない。

中国やタイと同様に、マレーシアでも黄色は国王の色。王室と同席する際には、一般人は黄色の服を着てはいけない。王様がゴルフ場に出かければ、クラブハウスの入口に黄色のじゅうたんが敷かれ、レストランのテーブルクロスまでもすべて黄色に掛け替えられる。王様の周りはどこでも黄色に大変身。街なかで黄色い旗をなびかせて走る車を見かけたら、それは国王の車だ。

5 人影が消える金曜日の午後

本来イスラム教の休日は金曜日。現在は国際社会に合わせて日曜日を休日とする州が多いが、イスラム色の強いクランタン、トレンガヌ、ジョホール州は今でも金曜日は学校、会社、商店が休みになる。

日曜日が休日の州でも、金曜日にはモスク（イスラム教寺院）での集団礼拝がある。昼下がりにはイスラム教徒の男性はモスクに続々と集まる。女性は参加しない人も多いが、それでも祈りの時間帯は街頭から人影が消える。商店はイスラム教徒以外の店員が働くか、閉店する。タクシー運転手もモスクに行くため、タクシーを拾うのもひと苦労。金曜午後の外出にはご注意を。

6 断食あれこれ

イスラム暦9月(ラマダン)は断食月。この1カ月間は、イスラム教徒は日の出から日没までの間、食べ物や飲み物ばかりでなく煙草も口にすることができない。夕暮れ時になると、朝から何も口にしていないイスラム教徒が屋台やフードコートに集まって来る。そして、注文した料理を目の前のテーブルに並べ、じっと日没を待っている。やがて、街に日没を知らせるアザーンが響きわたり、フードコートに音楽が流れ出すと、人々が一斉に食事を始める。

病人や妊婦、子供は断食をしなくてもよいことになっている。しかし、子供は物心ついた3歳くらいから少しずつ断食を始める。各家庭によって方法は異なるが、最初は午前中だけ水を飲まないことから始め、次は昼食を抜くなど徐々に断食の時間を延ばしていくようだ。幼稚園や小学校に入ると、子供同士で断食の進み具合を競うようになり、小学校高学年までには大人と同じように断食ができるようになる。

1カ月間の断食が終わると、だれもが楽しみにしている1年で最大の祭りだ。断食の終了は月見の儀式を行って政府が決めるので、終了予定日2日間のうち1日目になるか2日目になるかはその日にならないとわからない。なお、イスラム暦は太陰暦で1年は354日。西暦より11日短いので、ラマダンも西暦では毎年11日ずつ早くなる。

7 マレーシアのバイク事情

バイクは車と並ぶ交通手段。バイク運転手の多くは、ウインドブレーカーを後ろ前に着て、ファスナーは閉めずに背中で風になびかせながら運転している。これは風除けのためで、普通に着て前を留めると暑いからだそうだ。

休日には父親の運転する自家用バイクで家族4人でお出かけ。後ろの座席には赤ちゃんを背負った母親が乗り、両親の間にはもう1人の子供を乗せ、高速道路を猛スピードで走行していることもしばしば。バイクだけでなく乗用車も詰め込めるだけ乗車し、後部座席に大人5人が折り重なっていることもある。

8 スプーン、フォーク、箸

マレー系とインド系は、マレー料理、インド料理を右手の指を使って食べる。ポロポロしたご飯でも上手に指先でまとめて口に運ぶ。右手にスプーン、左手にフォークを持って食べる場合は、スプーンはナイフ代わりにして肉も切る。ステーキはナイフを使わないと切れないが、マレー料理、インド料理には煮込みが多く、肉や具が柔らかいためスプーンで容易に切れる。

中国料理には箸を使う。大衆食堂では、人数分の皿や箸などが入った洗い桶のような器と熱い湯や茶が入ったやかんが、テーブルの上に置かれることがある。これは客がその器にやかんの中味を注ぎ、自分の使う食器をゆすぐためだ。熱湯を使って洗うのは、衛生的とはいえない状況で自然に生まれた生活の知恵なのかもしれない。

マレー語で手紙を書こう！

旅で出会った人や、お世話になった人に、帰国後、手紙を出してみよう。下記の書き方を参考にして、素直にお礼の気持ちを伝えてみれば友情が深まるはず！

Tokyo, 12hb Disember 2008

Sahabatku Fathima yang diingati,

　Apa khabar sahabatku Fathima serta keluarga di sana? Saya sudah selamat balik ke Jepun.
　Ribuan terima kasih atas segala kebaikan Fathima sekeluarga selama saya berada di Malaysia. Saya sangat tertarik dengan keindahan alam semulajadi di sana serta macam-macam makanan yang begitu lazat. Penduduk Malaysia yang begitu ramah dan baik hati tidak dapat saya lupakan. Berkat bantuan Fathima sekeluarga banyak kenangan manis yang dapat saya bawa pulang ke Jepun. Bersama ini saya sertakan beberapa keping gambar yang saya ambil semasa saya berada di sana.
　Kalau ada rezeki, saya pasti akan melancong ke Malaysia lagi. Sampaikan salam saya kepada keluarga serta kawan-kawan yang pernah saya temui di sana. Hingga jumpa lagi.

Sihat-sihat selalu,

Sahabatmu Miho Tanaka

[日付]
発信場所、日、月、年の順で書く。
（→ P90）

[宛名]
・丁寧な場合
　男性にはEncik, 女性にはCikの敬称をつける。（→ P11）
　ユーソフさん
　→Encik Eusoff yang diingati, （男性）
　シャリファさん
　→Cik Syarifah yang diingati, （女性）
・親しい場合
　名前のみ。
　親愛なるラティフ
　→Sahabatku Latif yang diingati,

[結びの言葉]
・丁寧な場合
　Yang benar, 敬具
・親しい場合
　Salam sejahtera, よろしく。

[署名]
署名は肉筆で行う。名前をタイプ打ちにしたらサインを入れる。

親愛なるファティマ
　親愛なるファティマ、そしてご家族の皆様はお元気ですか？私は、無事日本に帰国しました。
　マレーシア滞在中は、大変お世話になりありがとうございました。美しい自然とおいしい食べ物にすっかり魅了されました。親切で心優しいマレーシアの人々のことは決して忘れません。ファティマご一家のおかげで楽しい思い出を日本に持ち帰ることができました。現地で撮った写真を同封します。
　機会があれば、またぜひマレーシアを旅したいと思っています。現地でお会いしたご家族やご友人の皆様にもよろしくお伝えください。再びお会いする日まで。
　　　　　　　　　　　　　　　　　　　　　　　　　　　　　　　　　　　　敬具
　　　　　　　　　　　　　　　　　　　　　　　　　　　　　　　あなたの親友、田中美保

[封筒の書き方]

左上に自分の名前と住所を書く。
赤字で航空便MEL UDARAであることを明記する。
中央に相手の名前と住所を書く。
国名はゴシック体の大文字に下線を入れて目立つように。
宛名の前に「〜へ」という意味のKepadaをつける。

```
Miho Tanaka
25-5 Haraikatamachi, Shinjuku-ku,          setem
162-8446 Tokyo, Japan                      (切手)


                  Kepada,
                  Cik Fathima Husin,
   MEL UDARA      No.123 Jln. Durian,
                  4567, Kuala Lumpur
                  MALAYSIA
```

日本語➡マレー語

50音順マレー語単語帳

※「食べよう」のシーンでよく使う単語には🍴印がついています
※「買おう」のシーンでよく使う単語には🛍印がついています
※「伝えよう」のシーンでよく使う単語には💬印がついています

あ

あいさつする	tegur sapa トゥグル サパ
愛してる	mencintai, menyayangi ムンチンタイ ムニャヤンギ
会う	berjumpa, bertemu ブルジュンパ ブルトゥム
赤ちゃん	bayi バイ
明るい	terang トゥラン
アクセサリー 🛍	aksesori アクセソリ
あげる（与える）	beri, kasi ブリ カスィ
揚げる 🍴	goreng ゴレン
朝（〜10時）	pagi パギ
浅い	cetek チェテッ
あさって	lusa ルサ
明日	besok, esok ベソッ エソッ
遊ぶ	bermain ブルマイン
暖かい	panas パナス
頭のよい	pandai, cerdik, pintar パンダイ チュルディッ ピンタル
新しい	baru バル
暑い・熱い	panas パナス
あとで	nanti, karang ナンティ カラン
兄	abang, bang アバン バン
姉	kakak, kak カカッ カッ
油	minyak ミニャッ
甘い	manis マニス
あめ 🍴	gula-gula グラグラ
雨	hujan ウジャン
雨もり 💬	bocor ボチョル
誤った	salah, silap サラ スィラッ(プ)
洗う	cuci, basuh チュチ バス
ある	ada アダ
歩く	berjalan ブルジャラン

い

いいえ	tidak, bukan ティダッ ブカン
言う	berkata ブルカタ
家	rumah ルマ
行く	pergi プルギ
いくら・いくつ	berapa ブラパ
医者 💬	doktor ドクトゥル
イス	kerusi クルスィ
急いでいる 💬	terburu-buru, tergesa-gesa トルブルブル トゥルグサグサ
痛い 💬	sakit サキッ
炒める	tumis トゥミス
市場 🛍	pasar パサル
いつ	bila ビラ
いとこ	sepupu スププ
祈る	sembahyang, berdoa スンバヤン ブルドア
今	sekarang スカラン
妹	adik perempuan アディッ プルンプアン
イヤリング 🛍	anting-anting アンティンアンティン
入口	pintu masuk ピントゥ マスッ
いる	ada アダ
色 🛍	warna ワルナ
インテリア 🛍	interior インテリオル

う

上	atas アタス
雨季	musim hujan ムスィム ウジャン
受け取る（もらう）	terima, dapat トゥリマ ダパッ
後	belakang ブラカン
歌	lagu ラグ
歌う	nyanyi ニャニ
腕時計	jam tangan ジャム タガン
生まれる	lahir ラヒル
海	laut ラウッ
売る	jual ジュアル

136

うるさい	bising ビスィン	押す	tolak トラッ	○階	tingkat ○ ティンカッ ○
うれしい	gembira, riang グンビラ リアン	(ボタンなどを)押す	tekan, picit トゥカン ピチッ	外国	negara asing ヌガラ アスィン
運転手	drebar ドレバル	遅い	lambat ランバッ	外国人	orang asing オラン アシン
絵	lukisan, gambar ルキサン ガンバル	夫	suami スアミ	階段	tangga タンガ
え		おつり	wang balik, wang baki ワン バリッ ワン バキ	快適な	selesa, tenang スレサ トゥナン
エアコン	alat hawa dingin アラッ ハワ ディギン	弟	adik lelaki アディッ ルラキ	ガイド	pemandu プマンドゥ
映画	wayang gambar ワヤン ガンバル	おととい	dua hari lalu ドゥア ハリ ラル	買い物する	membeli-belah ムンブリブラ
映画館	panggung wayang パングン ワヤン	大人	orang dewasa オラン デワサ	買う	beli ブリ
英語	bahasa Inggeris バハサ イングリス	踊り	tarian タリアン	帰る	balik バリッ
ATM	ATM エイティエム	おば	mak cik マッ チッ	香りの良い	bau wangi バウ ワンギ
駅	stesen ステセン	おみやげ	buah tangan, cenderamata ブア タガン チュンドラマタ	画家	pelukis ブルキス
絵葉書	poskad bergambar ポスカッ ブルガンバル	重い	berat ブラッ	鏡	cermin チェルミン
選ぶ	pilih ピリ	面白い	menarik ムナリッ	鍵	kunci クンチ
エレベーター	lif リフッ	おもちゃ	mainan マイナン	書く	tulis トゥリス
鉛筆	pensel ペンセル	降りる	turun トゥルン	家具	perabot rumah プラボッ ルマ
お		終わる	habis ハビス	確認する	memastikan ムマスティカン
おいしい	sedap スダッ(プ)	音楽	muzik ムズィッ	傘	payung パユン
老いた	tua トゥア	**か**		菓子	kuih クイ
往復	pergi-balik プルギバリッ	カーテン	langsir ランスィル	歌手	penyanyi プニャニ
多い	banyak バニャッ				
お金	wang, duit ワン ドゥイッ				
起きる	bangun バグン				
置く	letak ルタッ				
送る	kirim キリム				
おごり	belanja ブランジャ				
怒る	marah マラ				
おじ	pak cik パッ チッ				

★ 出入国編 ★

入国審査	pemeriksaan imigresen	プムリクサアン イミグレセン
滞在期間	tempoh tinggal	テンポ ティンガル
入国目的	matlamat masuk ke negara	マトゥラマッ マスッ ク ヌガラ
観光	pelancongan	プランチョガン
商用	perniagaan	プルニアガアン
乗り継ぎ	tukar pesawat	トゥカル プサワッ
パスポート	pasport	パスポッ
ビザ	visa	ヴィサ
税関審査	pemeriksaan kastam	プムリクサアン カスタム
申告	laporan	ラポラン
免税品	barang bebas cukai	バラン ベバス チュカイ
課税品	barang kena cukai	バラン クナ チュカイ
サイン	tanda tangan	タンダ タガン
検疫	kuarantin	クアランティン
居住者	penduduk	プンドゥドゥッ
非居住者	bukan penduduk	ブカン プンドゥドゥッ

風邪	masuk angin マスッ アギン	北	utara ウタラ	くし	sikat スィカッ
家族	keluarga クルアルガ	汚い	kotor コトル	くすぐったい	geli グリ
ガソリン	gasolin ガソリン	貴重品	barang-barang berharga バランバラン ブルハルガ	薬	ubat ウバッ
固い	keras クラス	(服などが)きつい	ketat クタッ	○○をください	mintak ○○ ミンタッ ○○
かっこいい	hebat ヘバッ	昨日	semalam スマラム	果物	buah-buahan ブアブアハン
カップ	cawan チャワン	気持ちいい	rasa sedap ラサ スダッ(プ)	靴	kasut カスッ
学校	sekolah スコラ	客	tetamu トゥタム	雲	awan アワン
蚊取り線香	ubat nyamuk ウバッ ニャムッ	キャンセルする	membatalkan ムンバタルカン	暗い	gelap グラッ(プ)
悲しい	sedih スディ	休憩所	tempat rehat トゥンパッ レハッ	来る	datang ダタン
かばん	beg ベッ	休憩する	berehat, beristirehat ブルレハッ ブルイスティレハッ	車	kereta クレタ
壁	dinding ディンディン	牛乳	susu スス	クレジットカード	kad kredit カッ クレディッ
雷	petir プティル	今日	hari ini ハリ イニ	**け**	
ガム	gula getah グラ グタ	教会	gereja グレジャ	警察	polis ポリス
カメラ	kamera カメラ	曲	lagu ラグ	警察署	balai polis バライ ポリス
辛い	pedas プダス	嫌い	benci ブンチ	携帯電話	telefon bimbit テレフォン ビンビッ
体	badan バダン	着る	pakai パカイ	ケガ	luka ルカ
川	sungai スガイ	切る	potong, kerat, gunting ポトン クラッ グンティン	化粧品	kosmetik コスメティッ
軽い	ringan リガン	(景色などが)きれい	indah インダ	結婚する	berkahwin ブルカウィン
かわいい(人)	manis, comel マニス チョメル	(人や物が)きれい	cantik チャンティッ	下痢	cirit-birit チリッビリッ
簡易食堂	warung, gerai ワルン グライ	金	emas ンマス	現像する	mencuci filem ムンチュチ フィルム
乾季	musim kemarau ムスィム クマラウ	金細工	barang kemas バラン クマス	現代的な	canggih, moden チャンギ モデン
観光案内所	pusat maklumat pelancongan プサッ マクルマッ プランチョガン	銀	perak ペラッ	**こ**	
観光する	melancong ムランチョン	銀行	bank バン	恋しい	rindu リンドゥ
簡単な	senang, mudah スナン ムダ	**く**		恋人	kekasih, buah hati クカスィ ブア ハティ
き		空港	lapangan terbang ラパガン トゥルバン	航空券	tiket kapal terbang ティケッ カパル トゥルバン
木	pokok ポコッ	くさい	bau busuk バウ ブスッ	交差点	simpang empat スィンパン ンパッ
聞く	dengar ドゥガル	腐った	basi バスィ	香辛料	bahan-bahan masakan バハンバハン マサカン

香水	minyak wangi ミニャッ ワンギ	サングラス	cermin mata hitam チュルミン マタ ヒタム	○○したい	nak ○○ ナッ ○○
紅茶	teh テ	サンダル	sandal サンダル	下着(シャツ/パンツ)	baju dalam / seluar dalam バジュ ダラム スルアル ダラム
交通事故	kemalangan jalan raya クマラガン ジャラン ラヤ	散歩	berjalan-jalan ブルジャランジャラン	試着室	bilik cuba pakaian ビリッ チュバ パカイアン
コーヒー	kopi コピ		**し**	知っている	tahu タウ
ここ	sini スィニ	シーツ	alas katil アラス カティル	質問する	bertanya ブルタニャ
ココナッツミルク	santan kelapa サンタン クラパ	寺院(イスラム教)	masjid, surau マスジッ スラウ	○○してください	tolong ○○ トロン ○○
こしょう	lada hitam ラダ ヒタム	寺院(ヒンドゥー教)	kuil クイル	自転車	basikal バスィカル
子供	anak アナッ	寺院(仏教)	topekong トペコン	品物	barang バラン
ご飯	nasi ナスィ	ジーンズ	seluar jeans スゥルアル ジンズ	死ぬ	meninggal dunia ムニンガル ドゥニア
ごめんなさい	maaf マアフ	塩	garam ガラム	島	pulau プロゥ
(肩などが)凝る	tegang トゥガン	事故	kemalangan クマラガン	ジャケット	jaket ジャケッ
壊れる	rosak ロサッ	時刻表	jadual ジャドゥアル	写真店	kedai gambar クダイ ガンバル
昆虫	serangga スランガ	自己紹介をする	memperkenalkan diri ムンプルクナルカン ディリ	写真を撮る	ambil gambar アンビル ガンバル
	さ	事故証明書	surat akuan kemalangan スラッ アクアン クマラガン	シャツ	kemeja クメジャ
サイズ	saiz サイズ	仕事	kerja クルジャ	シャワー	mandi air hujan マンディ アイル ウジャン
財布	dompet, beg duit ドンペッ ベッ ドゥイッ	時差	perbezaan waktu プルベザアン ワクトゥ	シャンプー	syampu シャンプ
サイン	tanda tangan タンダ タガン	辞書	kamus カムス	宗教	agama アガマ
探す	cari チャリ	静かな	sunyi, sepi スニ スピ	住所	alamat アラマッ
魚	ikan イカン	史跡	tempat bersejarah トゥンパッ ブルスジャラ	ジュース	jus ジュス
酒	minuman keras ミヌマン クラス	下	bawah バワ	祝日	hari perayaan ハリ プラヤアン
座席	tempat duduk トゥンパッ ドゥドゥッ				
さっき	tadi タディ				
雑誌	majalah マジャラ				
砂糖	gula グラ				
寂しい	kesepian クスピアン				
寒い	sejuk スジュッ				
皿	pinggan ピンガン				

★ 電話・郵便編 ★

切手	setem	ステム
はがき	poskad	ポスカッ
小包	bungkusan kecil	ブンクサン クチル
航空便	mel udara	メル ウダラ
船便	mel laut	メル ラウッ
国際電話	panggilan antarabangsa	パンギラン アンタラバンサ
コレクトコール	panggilan pindah bayaran	パンギラン ピンダ バヤラン
長距離電話(国内)	panggilan domestik	パンギラン ドメスティッ
市内電話	telefon dalam negeri	テレフォン ダラム ヌグリ
ファクス	faks	ファクス
公衆電話	telefon awam	テレフォン アワム
Eメール	e-mel	イメル
インターネット	internet	インテルネッ
インターネットカフェ	internet café	インテルネッ カフェ

出発する	berlepas ブルルパス
趣味	kegemaran, hobi クグマラン ホビ
正月	Tahun Baru タウン バル
職業	pekerjaan プクルジャアン
しょっぱい	masin マスィン
ショッピングセンター	pusat membeli-belah プサッ ムンブリブラ
処方箋	resit レスィッ
新月	bulan sabit ブラン サビッ
信号	lampu merah ランプ メラ
新聞	surat khabar スラッ カバル
深夜	larut malam, jauh malam ラルッ マラム ジャウ マラム

す

スーツケース	beg pakaian, beg baju ベッ パカイアン ベッ バジュ
スーパーマーケット	pasar raya パサル ラヤ
スカート	skirt スクッ
好き	suka スカ
スキューバ・ダイビング	selam skuba スラム スクバ
少ない	sedikit スディキッ
すごい	hebat ヘバッ
涼しい	sejuk スジュッ
すっぱい	masam マサム
ステージ	pentas プンタス
ストロー	penyedut minuman プニュドゥッ ミヌマン
砂	pasir パスィル
スノーケリング	snorkeling スノクリン
スプーン	sudu スドゥ
スポーツ	olahraga オララガ
ズボン	seluar スルアル
座る	duduk ドゥドゥッ

せ

清潔な	bersih ブルスィ
セーフティボックス	peti keselamatan プティ クスラマタン
セール	jualan murah ジュアラン ムラ
世界遺産	warisan dunia ワリサン ドゥニア
石けん	sabun サブン
狭い	sempit スンピッ
扇風機	kipas angin キパス アギン

そ

そこ	situ スィトゥ
素材	bahan バハン
祖父	datuk ダトゥッ
祖母	nenek, atuk ネネッ アトゥッ
空	langit ランギッ

た

退屈だ	bosan, jemu, muak ボサン ジュム ムアッ
体験する	cuba チュバ
体調	keadaan badan クアダアン バダン
台所	dapur ダプル
大変だ	susah スサ
太陽	matahari マタハリ
タオル	tuala トゥアラ
(値段が)高い	mahal マハル
(高さが)高い	tinggi ティンギ
タクシー	teksi テクスィ
訪ねる	berkunjung, melawat ブルクンジュン ムラワッ
正しい	betul ブトゥル
立つ	berdiri ブルディリ
楽しい	seronok スロノッ
タバコ	rokok ロコッ
食べ物	makanan マカナン
食べる	makan マカン
だれ	siapa スィアパ

ち

近い	dekat ドゥカッ
地図	peta プタ
父	ayah アヤ
駐車場	tempat letak kereta トゥンパッ ルタッ クレタ
注文する	memesan ムムサン

つ

使う	guna グナ
疲れた	penat, letih プナッ ルティ
月	bulan ブラン
妻	isteri, orang rumah イストゥリ オラン ルマ
冷たい	sejuk スジュッ
強い	kuat クアッ
連れて行く	hantar ハンタル

て

定価	harga tetap ハルガ トゥタッ(プ)
Tシャツ	T-shirt ティ シュッ
ティッシュペーパー	kertas tisu クルタス ティス
停電	bekalan elektrik terputus ブカラン エレクトリッ トゥルプトゥス

テーブル	meja	メジャ
手紙	surat	スラッ
出口	pintu keluar	ピントゥ クルアル
デザート	pencuci mulut	プンチュチ ムルッ
出る	keluar	クルアル
テレビ	TV	ティヴィ
電池	bateri	バテリ
電灯	lampu	ランプ
伝統工芸品	hasil kraftangan tradisional	ハスィル クラフタガン トラディショナル
伝統的な	tradisional	トラディショナル
展覧会	pameran	パメラン
電話	telefon	テレフォン
電話番号	nombor telefon	ノンボル テレフォン

と

ドア	pintu	ピントゥ
トイレ	bilik air, tandas, jamban	ビリッ アイル タンダス ジャンバン
トイレットペーパー	kertas tandas	クルタス タンダス
唐辛子	lada	ラダ
陶磁器	seramik	セラミッ
到着する	tiba	ティバ
動物	binatang, haiwan	ビナタン ハイワン
どうやって	bagaimana	バガイマナ
遠い	jauh	ジャウ
どこで	di mana	ディ マナ
どこへ	ke mana	ク マナ
止まる	berhenti	ブルヘンティ
泊まる	bermalam, menginap	ブルマラム ムギナッ(プ)
友だち	kawan	カワン
トラブル	masalah	マサラ
鳥	burung	ブルン
取り換える	tukar	トゥカル
取る	ambil	アンビル
ドロボウ	pencuri	プンチュリ

な

ない	tidak ada	ティダッ アダ
ナイフ	pisau	ピサウ
長い	panjang	パンジャン
泣く	menangis	ムナンギス
なぜ	kenapa	クナパ
何	apa	アパ
名前	nama	ナマ

に

似合う	padan, sesuai	パダン ススアイ
苦い	pahit	パヒッ
握る	pegang	プガン
肉	daging	ダギン
西	barat	バラッ
虹	pelangi	プランギ
偽物の	tiruan	ティルアン
日没	matahari terbenam	マタハリ トゥルブナム
日光浴	berjemur, berpanas	ブルジュムル ブルパナス
日本語	bahasa Jepun	バハサ ジュプン
日本大使館	Kedutaan Besar Jepun	クドゥタアン ブサル ジュプン
庭	halaman	ハラマン

ぬ・ね・の

布	kain	カイン
値段	harga	ハルガ
熱	demam	ドゥマム
ネックレス	rantai	ランタイ
寝る	tidur	ティドゥル
飲み物	minuman	ミヌマン
飲む	minum	ミヌム
乗る	naik	ナイッ

は

はい	ya	ヤ
バイク	motosikal	モトスィカル
俳優	pelakon	プラコン
入る	masuk	マスッ
吐き気	loya, mual	ロヤ ムアル
博物館	muzium	ミュズィウム
箸	penyepit	プニュピッ
橋	jambatan	ジャンバタン
始まる	mulai	ムライ
走る	lari	ラリ
バス	bas	バス
パスポート	pasport	パスポッ
バスルーム	bilik mandi	ビリッ マンディ
働く	bekerja	ブクルジャ
花	bunga	ブガ
話しかける	menegur-sapa	ムヌグル サパ
話す	cakap, bual	チャカッ(プ) ブアル

母	ibu, emak, mak	イブ ンマッ マッ
早い	cepat	チュパッ
払う	bayar	バヤル
パン	roti	ロティ
ハンガー	penyangkut baju	プニャンクッ バジュ
ハンカチ	sapu tangan	サプ タガン
ハンサム	kacak	カチャッ
パンツ（下着）	seluar dalam	スルアル ダラム
パンフレット	risalah	リサラ

ひ

火	api	アピ
ピアス	tindik	ティンディッ
ビーチ	pantai	パンタイ
ビール	bir	ビル
東	timur	ティムル
引く	tarik	タリッ
低い	rendah	ルンダ
美術館	muzium seni	ミュズィウム スニ
非常口	pintu kecemasan	ピントゥ クチュマサン
左	kiri	キリ
ビデオカメラ	kamera video	カメラ ヴィデオ
人	orang	オラン
ビニール袋	beg plastik	ベッ プラスティッ
日の出	matahari terbit	マタハリ トゥルビッ
病院	hospital	ホスピタル
病気	penyakit	プニャキッ
美容室	salon kecantikan	サロン クチャンティカン

昼(10〜15時)	siang	スィアン
広い	luas	ルアス
便箋	kertas tulis surat	クルタス トゥリス スラッ

ふ

風景	pemandangan	プマンダガン
封筒	sampul surat	サンプル スラッ
フォーク	garpu	ガルプ
深い	dalam	ダラム
服	pakaian	パカイアン
太っている	gemuk	グムッ
船	kapal	カパル
ブラウス	blaus	ブラウス
古い	lama	ラマ
文化	budaya	ブダヤ
文房具	alat tulis	アラッ トゥリス

へ・ほ

ベッド	katil	カティル
部屋	bilik	ビリッ
勉強する	belajar	ブラジャル
帽子	topi	トピ
ボールペン	pena mata bulat	ペナ マタ ブラッ
星	bintang	ビンタン
ホテル	hotel	ホテル
本	buku	ブク
本物	asli, tulen	アスリ トゥレン

ま

前	depan	ドゥパン
枕	bantal	バンタル
孫	cucu	チュチュ
混ぜる	campur	チャンプル
マッサージ	urut	ウルッ
まっすぐ	tegak	トゥガッ
マッチ	mancis	マンチス
祭	perayaan	プラヤアン

★ 国名編 ★

アメリカ合衆国	US, Amerika Syarikat	ユーエス アメリカ シャリカッ
イギリス	UK, Britain	ユーケー ブリトゥン
イタリア	Itali	イタリ
インド	India	インディア
インドネシア	Indonesia	インドネスィア
エジプト	Mesir	ムスィル
オーストラリア	Australia	アウストラリア
オランダ	Belanda	ブランダ
カナダ	Kanada	カナダ
韓国	Korea Selatan	コレア スラタン
北朝鮮	Korea Utara	コレア ウタラ
シンガポール	Singapura	シンガプラ
タイ	Negara Thai	ヌガラ タイ
中国	China	チナ
ドイツ	Jerman	ジェルマン
日本	Jepun	ジュプン
ニュージーランド	New Zealand	ニュー ズィラン
フランス	Perancis	プランチス
フィリピン	Filipina	フリピナ
ベトナム	Vietnam	ヴィエトナム
ロシア	Rusia	ルスィア

窓	**tingkap** ティンカッ(プ)
麻薬	**dadah** ダダ
(道に)迷う	**sesat jalan** スサッ ジャラン
マレー語	**bahasa Melayu** バハサ ムラユ
漫画	**komik** コミッ
満月	**bulan purnama** ブラン ブルナマ
満室/満席	**penuh** プヌ

み・む

右	**kanan** カナン
短い	**pendek** ペンデッ
水	**air** アイル
水浴びする	**mandi** マンディ
水着	**baju renang** バジュ ルナン
店	**kedai** クダイ
道	**jalan** ジャラン
南	**selatan** スラタン
見本	**contoh** チョントゥ
みやげ物店	**kedai cenderamata** クダイ チュンドゥラマタ
見る	**tengok** テンゴッ
観る (鑑賞する)	**tonton** トントン
民族衣装	**pakaian tradisional** パカイアン トラディショナル
迎えに行く	**jemput** ジュンプッ
(皮を) むく	**kopek, kupas** コペッ クパス
蒸す	**kukus** ククス
難しい	**susah** スサ
無知な	**bodoh, tolol** ボド トロル
無料	**percuma** プルチュマ

め・も

メールアドレス	**alamat e-mel** アラマッ イメル
メガネ	**cermin mata** チュルミン マタ
メニュー	**menu** メニュ
麺	**mi** ミ
免税店	**kedai bebas cukai** クダイ ベバス チュカイ
毛布	**selimut** スリムッ
模造品	**tiruan** ティルアン
持って来る	**bawa** バワ
戻る	**pulang** プラン

や

焼く	**bakar** バカル
野菜	**sayur-sayuran** サユルサユラン
安い	**murah** ムラ
やせてる	**kurus** クルス
薬局	**kedai ubat, farmasi** クダイ ウバッ ファマスィ
山	**gunung** グヌン
やわらかい	**lembut** ルンブッ

ゆ

湯	**air panas** アイル パナス
夕方 (15〜18時)	**petang** プタン
郵便局	**pejabat pos** プジャバッ ポス
床	**lantai** ランタイ
ゆっくり	**lambat-lambat, perlahan-lahan** ランバッランバッ プルラハンラハン
ゆでる	**rebus** ルブス
指輪	**cincin** チンチン
(服などが) ゆるい	**longgar** ロンガル

よ

良い	**baik** バイッ
横	**sebelah** スブラ
予定	**rancangan** ランチャガン
予約	**tempahan** トゥンパハン
夜	**malam** マラム
弱い	**lemah** ルマ

ら・り・る

ライター	**pemetik api** プムティッ アピ
ラブレター	**surat cinta** スラッ チンタ
理解する	**faham** ファハム
両替所	**pengurup wang** プングルッ(プ) ワン
両替する	**tukar wang** トゥカル ワン
領収書	**resit** レスィッ
両親	**orang tua, ibu bapa** オラン トゥア イブ ババ
料理	**masakan** マサカン
料理する	**masak** マサッ

れ・ろ

冷蔵庫	**peti sejuk** プティ スジュッ
レジ	**kaunter bayar** カウンタ バヤル
レストラン	**restoran** レストラン
列車	**kereta api** クレタ アピ
連絡する	**hubungi** フブギ

わ

若い	**muda** ムダ
別れる	**berpisah** ブルピサ
笑う	**ketawa** クタワ

知っておこう

絵を見て話せる タビトモ会話

マレーシア
マレー語 ● 日本語 英語

初版印刷	2009年1月15日
初版発行	2009年2月1日
	(Feb.1,2009,1st edition)
編集人	大橋圭子
発行人	江頭 誠
発行所	JTBパブリッシング
印刷所	JTB印刷
●企画/編集	海外情報部
	担当 迫田龍
●編集/執筆	INJカルチャーセンター
	（近藤由美／ファリダ・モハメッド）
●表紙デザイン	高多 愛（Aleph Zero, inc.）
●本文デザイン	Aleph Zero, inc.
	アイル企画
●翻訳	INJカルチャーセンター
	（ファリダ・モハメッド）
●編集協力	宮本和江
	㈶英語教育協議会（ELEC）
●取材協力	MEDIA BOX（石田鬼美香）／
	Norhayati Ghazali／
	マレーシア政府観光局／
	JTB マレーシア
●写真協力	ランズ／石田鬼美香／
	サイド・イゼミ・サイド・サリム
●地図	ジェイ・マップ
●イラスト	小酒句未果／霧生さなえ
●画文	大田垣晴子
●組版	JTB印刷

絵を見て話せる タビトモ会話

＜アジア＞
①韓国
②中国
③香港
④台湾
⑤タイ
⑥バリ島
⑦ベトナム
⑧フィリピン
⑨カンボジア
⑩マレーシア

＜ヨーロッパ＞
①イタリア
②ドイツ
③フランス
④スペイン
⑤ロシア

＜中近東＞
①トルコ

続刊予定

インド
イギリス
オランダ
チェコ
アメリカ
ブラジル
メキシコ
ハワイ
オーストラリア

●JTBパブリッシング
〒162-8446
東京都新宿区払方町25-5
編集：☎03-6888-7878
販売：☎03-6888-7893
広告：☎03-6888-7833
http://www.jtbpublishing.com/

●旅とおでかけ旬情報
http://www.rurubu.com/

JTBパブリッシング

禁無断転載・複製
©JTB Publishing Inc. 2009 Printed in Japan
174406 758140 ISBN978-4-533-07374-8